El marxismo y la cuestión nacional

Iósif Vissariónovich Dzhugashvili
«Stalin»

Título original: *Marksizm i natzional'nyy vopros*

Título castellano: *El marxismo y la cuestión nacional*

Autor: Iósif Vissariónovich Dzhugashvili, Stalin

Fecha publicación: Viena, enero de 1913

Traducción: Ediciones en Lenguas Extranjeras, Moscú (1935)

Editor y portada: Miguel G. Macho

ÍNDICE

«Sobre el nacionalismo, concuerdo por completo contigo que tenemos que esforzarnos y resistir más. Tenemos aquí un georgiano maravilloso que ha aceptado escribir un artículo largo para Prosveshchenie después de reunir los materiales austriacos. Vamos a cuidar este asunto.»

—Vladimir Lenin a Marksim Gorki (1913)

Stalin fue encargado por el partido de escribir un artículo para una publicación para el periódico mensual *Prosveshchenie*, detallando la posición oficial en el asunto, resultando en el contenido de este libro. Además del asignamiento personal de Lenin a Stalin para escribir el artículo, él mismo escribió la cita superior al gran escritor soviético Máximo Gorki.

El período de la contrarrevolución en Rusia no ha traído solamente "rayos y truenos", sino también desilusión respecto al movimiento, falta de fe en las fuerzas comunes. Cuando creía en un "porvenir luminoso", la gente luchaba junta, independientemente de su nacionalidad: ¡los problemas comunes ante todo! Pero cuando en el espíritu se insinuaron las dudas, la gente comenzó a dispersarse por barrios nacionales: ¡que cada cual cuente sólo consigo! ¡El "problema nacional" ante todo!

Al mismo tiempo, se producía en el país una seria transformación en la vida económica. El año 1905 no pasó en vano: los restos de la servidumbre en el campo sufrieron un nuevo golpe. Las cosechas buenas que siguieron a los años de hambre y el auge industrial que se produjo después, hicieron avanzar al capitalismo. La diferenciación en el campo y el crecimiento de las ciudades, el desarrollo del comercio y de las vías de comunicación dieron un gran paso adelante. Esto es particularmente cierto en lo que se refiere a las regiones de la periferia y no podía por menos de acelerar el proceso de consolidación económica de las nacionalidades de Rusia. Estas tenían necesariamente que ponerse en movimiento

Contribuyó también al despertar de las nacionalidades el "régimen constitucional", instaurado durante este período. El aumento de los periódicos y de la literatura en general, cierta libertad de prensa y de las instituciones culturales, el desarrollo de los teatros populares, etc. contribuyeron, sin duda, a fortalecer los "sentimientos nacionales". La Duma, con su campaña electoral y sus grupos políticos, dio nuevas posibilidades para reavivar las naciones y un nuevo y amplio campo para movilizarlas.

La ola del nacionalismo belicoso levantada desde arriba y las numerosas represiones desencadenadas por los "investidos de Poder" para vengarse de la periferia por su "amor a la libertad", provocaron, como reacción, una ola de nacionalismo desde abajo, que a veces llegaba a ser franco chovinismo. Son hechos conocidos de todos: el fortalecimiento entre los judíos del sionismo; en Polonia, el creciente chovinismo; entre los tártaros el panislamismo; entre los armenios, los georgianos y los ucranianos, el recrudecimiento del nacionalismo; la propensión general de las gentes de espíritu pequeñoburgués al antisemitismo.

En este momento difícil, incumbía a la socialdemocracia una alta misión: hacer frente al nacionalismo, proteger a las masas contra la "epidemia" general. Pues la socialdemocracia, y solamente ella, podía hacerlo contraponiendo al nacionalismo el arma probada del internacionalismo, la unidad y la indivisibilidad de la lucha de clases. Y cuanto más fuerte fuese la oleada de nacionalismo, más potente debía resonar, la voz de la socialdemocracia en pro de la fraternidad y de la unidad de los proletarios de todas las nacionalidades de Rusia. En estas circunstancias, se requería una firmeza especial por parte de los socialdemócratas de las regiones periféricas, que chocaban directamente con el movimiento nacionalista.

Pero no todos los socialdemócratas, y en primer lugar los de las regiones periféricas, acreditaron estar a la altura de su misión. El Bund, que antes destacaba las tareas comunes, empezó a poner en primer plano sus objetivos particulares, puramente nacionalistas: la cosa llegó a tal extremo, que proclamó como uno de los puntos centrales de su campaña electoral la "celebración del sábado" y el "reconocimiento del yidish". Tras el Bund siguió el Cáucaso: una parte de los socialdemócratas caucasianos, que antes rechazaba, con los demás socialdemócratas caucasianos, la "autonomía cultural-nacional", la presenta ahora como reivindicación inmediata. Y no hablemos ya de la conferencia de los liquidadores, que sancionó diplomáticamente las vacilaciones nacionalistas.

De esto se deduce que las concepciones de la socialdemocracia de Rusia en cuanto a la cuestión nacional no están claras aún para todos los socialdemócratas.

Es imprescindible, evidentemente, proceder a un estudio serio y completo de la cuestión nacional. Es necesario un trabajo coordinado e infatigable de los socialdemócratas consecuentes contra la niebla nacionalista, de dondequiera que venga.

1. LA NACIÓN

¿Qué es una nación? Una nación es, ante todo, una comunidad, una determinada comunidad de hombres.

Esta comunidad no es de raza ni de tribu. La actual nación italiana fue constituida por romanos, germanos, etruscos, griegos, árabes, etc. La nación francesa fue formada por galos, romanos, bretones, germanos, etc. Y otro tanto cabe decir de los ingleses, alemanes, etc., cuyas naciones fueron formadas por gentes de razas y tribus diversas.

Tenemos, pues, que una nación no es una comunidad racial o tribal, sino una comunidad de hombres históricamente formada.

Por otro lado, es indudable que los grandes Estados de Ciro o de Alejandro no podían ser llamados naciones, aunque se habían formado en el transcurso de la historia y habían sido integrados por diversas razas y tribus. Esos Estados no eran naciones, sino conglomerados de grupos, accidentales y mal vinculados, que se disgregaban o se unían según los éxitos o derrotas de tal o cual conquistador.

Tenemos, pues, que una nación no es un conglomerado accidental y efímero, sino una comunidad estable de hombres.

Pero no toda comunidad estable constituye una nación. Austria y Rusia son también comunidades estables, y, sin embargo, nadie las llama naciones. ¿Qué es lo que distingue a una comunidad nacional de una comunidad estatal? Entre otras cosas, que una comunidad nacional es inconcebible sin un idioma común, mientras que para un Estado no es obligatorio que haya un idioma común. La nación checa, en Austria, y la polaca, en Rusia, no serían posibles sin un idioma común para cada una de ellas, mientras que para la integridad de Rusia y de Austria no es un obstáculo el que dentro de sus fronteras existan varios idiomas. Y al decir esto, nos referimos, naturalmente, a los idiomas que habla el pueblo y no al idioma oficial de cancillería.

Tenemos, pues, la comunidad de idioma como uno de los rasgos característicos de la nación.

Esto no quiere decir, como es lógico, que diversas naciones hablen siempre y en todas partes idiomas diversos ni que todos los que hablen uno y el mismo idioma constituyan obligatoriamente una sola nación. Un idioma común para cada nación, ¡pero no obligatoriamente diversos idiomas para diversas naciones! No hay nación que hable a la vez diversos idiomas, ¡pero esto no quiere decir que no pueda haber dos naciones que hablen el mismo idioma! Los ingleses y los norteamericanos hablan el mismo idioma, y a pesar de esto no constituyen una sola nación. Otro tanto cabe decir de los noruegos y los daneses, de los ingleses y los irlandeses.

¿Y por qué, por ejemplo, los ingleses y los norteamericanos no forman una sola nación, a pesar de tener un idioma común?

Ante todo, porque no viven conjuntamente, sino en distintos territorios. La nación sólo se forma como resultado de relaciones duraderas y regulares, como resultado de la convivencia de los hombres, de generación en generación. Y esta convivencia prolongada no es posible sin un territorio común. Antes los ingleses y los norteamericanos poblaban un solo territorio, Inglaterra, y constituían una sola nación. Más tarde, una parte de los ingleses emigró de este país a un nuevo territorio, el Norte de América, y aquí, en el nuevo territorio, formó a lo largo del tiempo una nueva nación, la norteamericana. La diversidad de territorios condujo a la formación de naciones diversas.

Tenemos, pues, la comunidad de territorio como uno de los rasgos característicos de la nación.

Pero esto no es todo. La comunidad de territorio por sí sola no determina todavía la nación. Ha de concurrir, además, un vínculo económico interno que suelde en un todo único las diversas partes de la nación. Entre Inglaterra y Norteamérica no existe este vínculo; por eso constituyen dos naciones distintas. Y los mismos norteamericanos no merecerían el nombre de nación si los diversos confines de Norteamérica no estuviesen ligados entre sí en una unidad económica gracias a la división del trabajo establecida entre ellos, al desarrollo de las vías de comunicación, etc.

Tomemos, por ejemplo, a los georgianos. Los georgianos de los tiempos anteriores a la reforma vivían en un territorio común y hablaban un mismo idioma, pero, con todo, no constituían, estrictamente hablando, una sola nación, pues, divididos en varios principados sin ninguna ligazón entre sí, no podían vivir una vida económica común; se pasaron siglos guerreando y arruinándose mutuamente, azuzando unos contra otros a los persas o a los turcos. La unificación efímera y accidental de estos principados, que a veces conseguía llevar a cabo cualquier rey afortunado, sólo abarcaba, en el mejor de los casos, las esferas superficiales, las esferas administrativas, y pronto saltaba hecha añicos al chocar con los caprichos de los príncipes y la indiferencia de los campesinos. Dada la dispersión económica de Georgia, no podía ser de otro modo Georgia no se reveló como nación hasta la segunda mitad del siglo XIX, cuando la caída del régimen de servidumbre y el desarrollo de la vida económica del país, el desarrollo de las vías de comunicación y el nacimiento del capitalismo establecieron una división del trabajo entre sus distintas regiones, quebrantaron por completo el aislamiento económico de los principados y los unieron en un todo.

Y lo mismo hay que decir de otras naciones que han pasado por la fase del feudalismo y en cuyo seno se ha desarrollado el capitalismo.

Tenemos, pues, la comunidad de vida económica, la ligazón económica como una de las particularidades características de la nación.

Pero tampoco esto es todo. Además de lo dicho, hay que tener en cuenta también las particularidades de la fisonomía espiritual de los hombres unidos en una nación. Las naciones no sólo se distinguen unas de otras por sus condiciones de vida, sino también por su fisonomía espiritual, que se expresa en las particularidades de la cultura nacional. En el hecho de que Inglaterra, América del Norte e Irlanda, aun hablando el mismo idioma, formen, no obstante, tres naciones distintas, desempeña un papel de bastante importancia la psicología peculiar que se ha ido formando en cada una de estas naciones, de generación en generación, a consecuencia de condiciones de existencia diferentes.

Claro está que, por sí sola, la psicología, o el "carácter nacional", como otras veces se la llama, es algo imperceptible para el observador; pero como se expresa en las peculiaridades de la cultura común a toda la nación, es aprehensible y no puede ser dejada de lado.

Huelga decir que el "carácter nacional" no es algo que exista de una vez para siempre, sino que cambia con las condiciones de vida; pero, por lo mismo que existe en cada momento dado, imprime su sello a la fisonomía de la nación.

Tenemos, pues, la comunidad de psicología, reflejada en la comunidad de cultura, como uno de los rasgos característicos de la nación.

Con esto, hemos señalado todos los rasgos distintivos de una nación.

Nación es una comunidad humana estable, históricamente formada y surgida sobre la base de la comunidad de idioma, de territorio, de vida económica y de psicología, manifestada ésta en la comunidad de cultura.

Además, de suyo se comprende que la nación, como todo fenómeno histórico, se halla sujeta a la ley del cambio, tiene su historia, su comienzo y su fin.

Es necesario subrayar que ninguno de los rasgos indicados, tomado aisladamente, es suficiente para definir la nación. Más aún: basta con que falte aunque sólo sea uno de estos rasgos, para que la nación deje de serlo.

Podemos imaginarnos hombres de "carácter nacional" común, y, sin embargo, no podremos decir que forman una nación si están desligados económicamente, si viven en territorios distintos, hablan idiomas distintos, etc. Así, por ejemplo, los judíos de Rusia, de Galitzia, de América, de Georgia y de las montañas del Cáucaso no forman, a juicio nuestro, una sola nación.

Podemos imaginarnos hombres con comunidad de territorio y de vida económica, y, no obstante, no formarán una nación si entre ellos no existe comunidad de idioma y de "carácter nacional". Tal es el caso, por ejemplo, de los alemanes y los letones en la región del Báltico.

Finalmente, los noruegos y los daneses hablan un mismo idioma, pero no forman una sola nación, por no reunir los demás rasgos distintivos.

Sólo la presencia conjunta de todos los rasgos distintivos forma la nación.

Podría pensarse que el "carácter nacional" no es uno de los rasgos distintivos, sino el único rasgo esencial de la nación, y que todos los demás constituyen, propiamente hablando, condiciones para el desarrollo de la nación, pero no rasgos de ésta. En este punto de vista se colocan, por ejemplo, los teóricos socialdemócratas de la cuestión nacional R. Springer y, sobre todo, O. Bauer, conocidos en Austria.

Examinemos su teoría de la nación.

Según Springer: «la nación es una unión de hombres que piensan y hablan del mismo modo. Es una comunidad cultural de un grupo de hombres contemporáneos, no vinculada con el suelo».

Así, pues, una "unión" de hombres que piensan y hablan del mismo modo, por muy desunidos que se hallen unos de otros y vivan donde vivan.

Bauer va todavía más allá.

«¿Qué es una nación? —pregunta—. ¿Es la comunidad de idioma lo que une a los hombres en una nación? Pero los ingleses e irlandeses... hablan la misma lengua, y no forman, sin embargo, un solo pueblo; y los judíos no tienen lengua común alguna, y, sin embargo, forman una nación».

¿Qué es, pues, una nación?

«La nación es una comunidad relativa de carácter».

Pero ¿qué es el carácter, y aquí, en este caso, el carácter nacional?

El carácter nacional es la "suma de rasgos que distinguen a los hombres de una nacionalidad de los de otra, el conjunto de rasgos físicos y espirituales que distinguen a una nación de otra".

Bauer sabe, naturalmente, que el carácter nacional no cae del cielo; por eso añade:

«El carácter de los hombres no se determina sino por su destino [...] La nación no es más que la comunidad de destino, determinada a su vez por las condiciones en que los hombres producen sus medios de existencia y distribuyen los productos de su trabajo».

De este modo, llegamos a la definición más "completa", según la expresión de Bauer, de la nación.

«Nación es el conjunto de hombres unidos en una comunidad de carácter sobre la base de una comunidad de destinos».

Así, pues, una comunidad de carácter nacional sobre la base de una comunidad de destinos, al margen de todo vínculo obligatorio con una comunidad de territorio, de lengua y de vida económica.

Pero, en este caso, ¿qué queda en pie de la nación? ¿De qué comunidad nacional puede hablarse respecto a hombres desligados económicamente unos de otros, que viven en territorios diferentes y que hablan, de generación en generación, idiomas distintos?

Bauer habla de los judíos como de una nación, aunque "no tienen lengua común alguna"; pero ¿qué "comunidad de destinos" y qué vínculos nacionales pueden mediar, por ejemplo, entre judíos georgianos, daguestanos, rusos y norteamericanos, completamente desligados los unos de los otros, que viven en diferentes territorios y hablan distintos idiomas?

Indudablemente, los mencionados judíos viven una vida económica y política común con los georgianos, los daguestanos, los rusos y los norteamericanos, en una atmósfera cultural común, y esto no puede por menos de imprimir su sello al carácter nacional de estos judíos. Y si en ellos queda algo de común, es la religión, su mismo origen y algunos vestigios del carácter nacional. Todo esto es indudable. Pero ¿cómo se puede sostener seriamente que unos ritos religiosos fosilizados y unos vestigios psicológicos que van esfumándose influyan en el "destino" de los mencionados judíos con más fuerza que la vida económica, social y cultural que los rodea? Y es que sólo partiendo de este supuesto, puede hablarse, en general, de los judíos como de una sola nación.

¿En qué se distingue, entonces, la nación de Bauer de ese "espíritu nacional" místico y que se basta a sí mismo de los espiritualistas?

Bauer establece un limite infranqueable entre el "rasgo distintivo" de la nación (el carácter nacional) y las "condiciones" de su vida, separando el uno de las otras. Pero, ¿qué es el carácter nacional sino el reflejo de las condiciones de vida, la condensación de las impresiones recibidas del medio circundante? ¿Cómo es posible limitarse a no ver más que el carácter nacional, aislándolo y separándolo del terreno en que brota?

Además, ¿qué era lo que distinguía concretamente la nación inglesa de la norteamericana, a fines del siglo XVIII y comienzos del XIX, cuando América del Norte se llamaba todavía "Nueva Inglaterra"? No era, por cierto, el carácter nacional, pues los norteamericanos eran oriundos de Inglaterra y habían llevado consigo a América, además de la lengua inglesa, el carácter nacional inglés y, como es lógico, no podían perderlo tan pronto, aunque, bajo la influencia de las nuevas condiciones, se estaba formando, seguramente, en ellos su propio carácter. Y, sin embargo, pese a la mayor o menor comunidad de carácter, ya entonces constituían una nación distinta de Inglaterra. Evidentemente, "Nueva Inglaterra", como nación, no se diferenciaba entonces de Inglaterra, como nación, por su carácter nacional especial, o no se diferenciaba tanto por su carácter nacional como por el medio, por las condiciones de vida, distintas de las de Inglaterra.

Está, pues, claro que no existe, en realidad, ningún rasgo distintivo único de la nación. Existe sólo una suma de rasgos, de los cuales, comparando unas naciones con otras, se destacan con mayor relieve éste (el carácter nacional), aquél (el idioma) o aquel otro (el territorio, las condiciones económicas). La nación es la combinación de todos los rasgos, tomados en conjunto.

El punto de vista de Bauer, al identificar la nación con el carácter nacional, separa la nación del suelo y la convierte en una especie de fuerza invisible y que se basta a sí misma. El resultado no es una nación viva y que actúa, sino algo místico, imperceptible y de ultra-tumba. Repito, pues, ¿qué nación judía es ésa, por ejemplo, compuesta por judíos georgianos, daguestanos, rusos, norteamericanos y otros judíos que no se comprenden entre sí (pues hablan idiomas distintos), viven en distintas partes del planeta, no se verán jamás unos a otros y no actuarán jamás conjuntamente, ni en tiempos de paz ni en tiempos de guerra?

No, no es para estas "naciones", que sólo existen sobre el papel, para las que la socialdemocracia establece su programa nacional. La socialdemocracia sólo puede tener en cuenta naciones reales, que actúan y se mueven y, por tanto, obligan a que se las tenga en cuenta.

Bauer, evidentemente, confunde la nación, que es una categoría histórica, con la tribu, que es una categoría étnica.

Por lo demás, el mismo Bauer se da cuenta, a lo que parece, de la endeblez de su posición. Después de presentar decididamente en el comienzo de su libro a los judíos como nación, al final del mismo se corrige, afirmando que "la sociedad capitalista no les permite en absoluto (a los judíos) subsistir como nación", asimilándolos a otras naciones. La razón reside, según él, en que "los judíos no poseen un territorio delimitado de colonización", mientras que los checos, por ejemplo, que según Bauer deben conservarse como nación, tienen ese territorio. En una palabra: la causa está en la ausencia de territorio.

Argumentando así, Bauer quería demostrar que la autonomía nacional no puede ser una reivindicación de los obreros judíos, pero al mismo tiempo ha refutado sin querer su propia teoría, que niega la comunidad de territorio como uno de los rasgos distintivos de la nación.

Pero Bauer va más allá. Al comienzo de su libro declara resueltamente que "los judíos no tienen lengua común alguna, y, sin embargo, forman una nación". Y apenas al llegar a la página 130 cambia de frente, declarando no menos resueltamente: «Es indudable que no puede existir una nación sin un idioma común».

Aquí Bauer quería demostrar que "el idioma es el medio más importante de relación entre los hombres" pero al mismo tiempo ha demostrado, sin darse cuenta, algo que no se proponía demostrar, a saber: la inconsistencia de su propia teoría de la nación, que niega la importancia de la comunidad de idioma.

Así se refuta a sí misma esta teoría, hilvanada con hilos idealistas.

2. EL MOVIMIENTO NACIONAL

La nación no es simplemente una categoría histórica, sino una categoría histórica de una determinada época, de la época del capitalismo ascensional. El proceso de liquidación del feudalismo y de desarrollo del capitalismo es, al mismo tiempo, el proceso en que los hombres se constituyen en naciones. Así sucede, por ejemplo, en la Europa Occidental. Los ingleses, los franceses, los alemanes, los italianos, etc. se constituyeron en naciones bajo la marcha triunfal del capitalismo victorioso sobre el fraccionamiento feudal.

Pero allí, la formación de naciones significaba, al mismo tiempo, su transformación en Estados nacionales independientes. Las naciones inglesa, francesa, etc. son, al mismo tiempo, los Estados inglés, etc. El caso de Irlanda, que queda al margen de este proceso, no cambia el cuadro general.

En la Europa Oriental, las cosas ocurren de un modo algo distinto. Mientras que en el Oeste las naciones se desarrollan en Estados, en el Este se forman Estados multinacionales, Estados integrados por varias nacionalidades. Tal es el caso de Austria-Hungría y de Rusia. En Austria, los más desarrollados en el sentido político resultaron ser los alemanes, y ellos asumieron la tarea de unificar las nacionalidades austriacas en un Estado. En Hungría, los más aptos para la organización estatal resultaron ser los magiares —el núcleo de las nacionalidades húngaras—, y ellos fueron los unificadores de Hungría. En Rusia, asumieron el papel de unificadores de las nacionalidades los grandes rusos, a cuyo frente estaba una potente y organizada burocracia militar aristocrática formada en el transcurso de la historia.

Así ocurrieron las cosas en el Este.

Este modo peculiar de formación de Estados sólo podía tener lugar en las condiciones de un feudalismo todavía sin liquidar, en las condiciones de un capitalismo débilmente desarrollado, en que las nacionalidades relegadas a segundo plano no habían conseguido aún consolidarse económicamente como naciones integrales.

Pero el capitalismo comienza a desarrollarse también en los Estados del Este. Se desarrollan el comercio y las vías de comunicación. Surgen grandes ciudades. Las naciones se consolidan económicamente. Irrumpiendo en la vida apacible de las nacionalidades postergadas, el capitalismo las hace agitarse y las pone en movimiento. El desarrollo de la prensa y el teatro, la actuación del Reichsrat (en Austria) y de la Duma (en Rusia) contribuyen a reforzar los "sentimientos nacionales". Los intelectuales que surgen en las nacionalidades postergadas se penetran de la "idea nacional" y actúan en la misma dirección.

Pero las naciones postergadas que despiertan a una vida propia, ya no se constituyen en Estados nacionales independientes: tropiezan con la poderosísima resistencia que les oponen las capas dirigentes de las naciones dominantes, las cuales se hallan desde hace largo tiempo a la cabeza del Estado. ¡Han llegado tarde!...

Así se constituyeron como nación los checos, los polacos, etc. en Austria; los croatas, etc. en Hungría; los letones, los lituanos, los ucranianos, los georgianos, los armenios, etc. en Rusia. Lo que en la Europa Occidental era una excepción (Irlanda) se convierte en regla en el Este.

En el Oeste, Irlanda contestó a su situación excepcional con un movimiento nacional. En el Este, las naciones que habían despertado tenían que hacer lo mismo.

Así fueron creándose las circunstancias que empujaron a la lucha a las naciones jóvenes de la Europa Oriental.

La lucha comenzó y se extendió, en rigor, no entre las naciones en su conjunto, sino entre las clases dominantes de las naciones dominadoras y de las naciones postergadas. La lucha la libran, generalmente, la pequeña burguesía urbana de la nación oprimida contra la gran burguesía de la nación dominadora (los checos y los alemanes), o bien la burguesía rural de la nación oprimida contra los terratenientes de la nación dominante (los ucranianos en Polonia), o bien toda la burguesía "nacional" de las naciones oprimidas contra la aristocracia gobernante de la nación dominadora (Polonia, Lituania y Ucrania, en Rusia).

La burguesía es el principal personaje en acción.

El problema fundamental para la joven burguesía es el mercado. Dar salida a sus mercancías y salir vencedora en su competencia con la burguesía de otra nacionalidad: he ahí su objetivo. De aquí su deseo de asegurarse "su" mercado, un mercado "propio". El mercado es la primera escuela en que la burguesía aprende el nacionalismo.

Pero, generalmente, la cosa no se limita al mercado. En la lucha se mezcla la burocracia semifeudal-semiburguesa de la nación dominante con sus métodos de "agarrar y no soltar". La burguesía de la nación dominadora —lo mismo da que se trate de la gran burguesía o de la pequeña— obtiene la posibilidad de deshacerse "más rápida" y "más resueltamente" de su competidor. Las "fuerzas" se unifican, y se empieza a adoptar toda una serie de medidas restrictivas contra la burguesía "alógena", medidas que se convierten en represiones. La lucha pasa de la esfera económica a la esfera política. Limitación de la libertad de movimiento, trabas al idioma, restricción de los derechos electorales, reducción de escuelas, trabas a la religión, etc., etc. llueven sobre la cabeza del "competidor". Naturalmente, estas medidas no sirven sólo a los intereses de las clases burguesas de la nación dominadora, sino también a los objetivos específicos de casta, por decirlo así, de la burocracia gobernante. Pero, desde el punto de vista de los resultados, esto es absolutamente igual: las clases burguesas y la burocracia se dan la mano en este caso, ya se trate de Austria-Hungría o de Rusia.

La burguesía de la nación oprimida, que se ve acosada por todas partes, se pone, naturalmente, en movimiento. Apela a "los de abajo de su país" y comienza a clamar acerca de la "patria", haciendo pasar su propia causa por la causa de todo el pueblo. Recluta para sí un ejército entre sus "compatriotas" en interés... de la "patria". "Los de abajo" no siempre permanecen sordos a sus llamadas, y se agrupan en torno a su bandera: la represión de arriba les afecta también a ellos, provocando su descontento.

Así comienza el movimiento nacional.

La fuerza del movimiento nacional está determinada por el grado en que participan en él las extensas capas de la nación, el proletariado y los campesinos.

Que el proletariado se coloque bajo la bandera del nacionalismo burgués, depende del grado de desarrollo de las contradicciones de clase, de la conciencia y de la organización del proletariado. El proletariado consciente tiene su propia bandera, ya probada, y no necesita marchar bajo la bandera de la burguesía.

En cuanto a los campesinos, su participación en el movimiento nacional depende, ante todo, del carácter de la represión. Si la represión afecta a los intereses de la "tierra", como ocurría en Irlanda, las grandes masas campesinas se colocan inmediatamente bajo la bandera del movimiento nacional.

Por otra parte, si en Georgia, por ejemplo, no existe un nacionalismo anti-ruso más o menos serio, es, sobre todo, porque allí no hay terratenientes rusos ni una gran burguesía rusa que pudieran dar pábulo a este nacionalismo en las masas. En Georgia hay un nacionalismo anti-armenio, pero es porque allí existe además una gran burguesía armenia que, al batir a la pequeña burguesía georgiana, aun débil, empuja a ésta al nacionalismo anti-armenio.

Con sujeción a estos factores, el movimiento nacional o asume un carácter de masas, creciendo más y más (Irlanda Galitzia), o se convierte en una serie de pequeñas colisiones que degeneran en escándalos y en una "lucha" por cuestiones de rótulos (como en algunos pueblos de Bohemia).

El contenido del movimiento nacional no puede, naturalmente, ser el mismo en todas partes: está determinado íntegramente por las distintas reivindicaciones que presenta el movimiento. En Irlanda, este movimiento tiene un carácter agrario; en Bohemia, gira en torno al "idioma"; en unos sitios, reclama igualdad de derechos civiles y libertad de cultos; en otros, "sus propios" funcionarios o su propia Dieta. En las diversas reivindicaciones se traslucen, frecuentemente, los diversos rasgos que caracterizan a una nación en general (el idioma, el territorio, etc.). Merece notarse que no se encuentra en parte alguna la reivindicación de ese "carácter nacional" de Bauer, que lo abarca todo. Y es lógico: por sí solo, el "carácter nacional" es inaprehensible, y, como observa acertadamente J. Strasser, "con él no hay nada que hacer en la política".

Tales son, a grandes rasgos, las formas y el carácter del movimiento nacional

Por lo expuesto se ve claramente que, bajo el capitalismo ascensional, la lucha nacional es una lucha entre las clases burguesas. A veces, la burguesía consigue arrastrar al proletariado al movimiento nacional, y entonces exteriormente parece que en la lucha nacional participa "todo el pueblo", pero eso sólo exteriormente. En su esencia, esta lucha sigue siendo siempre una lucha burguesa, conveniente y grata principalmente para la burguesía.

Pero de aquí no se desprende, ni mucho menos, que el proletariado no deba luchar contra la política de opresión de las nacionalidades.

La restricción de la libertad de movimiento, la privación de derechos electorales, las trabas al idioma, la reducción de las escuelas y otras medidas represivas afectan a los obreros en grado no menor, si no es mayor, que a la burguesía. Esta situación no puede por menos de frenar el libre desarrollo de las fuerzas espirituales del proletariado de las naciones sometidas. No se puede hablar seriamente del pleno desarrollo de las facultades espirituales del obrero tártaro o judío, cuando no se le permite servirse de su lengua materna en las asambleas o en las conferencias y cuando se le cierran las escuelas.

La política de represión nacionalista es también peligrosa en otro aspecto para la causa del proletariado. Esta política desvía la atención de extensas capas del mismo de las cuestiones sociales, de las cuestiones de la lucha de clases hacia las cuestiones nacionales, hacia las cuestiones "comunes" al proletariado y a la burguesía. Y esto crea un terreno favorable para las prédicas mentirosas sobre la "armonía de intereses", para velar los intereses de clase del proletariado, para esclavizar moralmente a los obreros. De este modo, se levanta una seria barrera ante la unificación de los obreros de todas las nacionalidades. Si hasta hoy una parte considerable de los obreros polacos permanece bajo la esclavitud moral de los nacionalistas burgueses, si hasta hoy se mantiene al margen del movimiento obrero internacional, es, principalmente, porque la secular política anti-polaca de los "investidos de Poder" crea un terreno favorable para esta esclavitud y entorpece la liberación de los obreros de la misma.

Pero la política de represión no se detiene aquí. Del "sistema" de opresión pasa no pocas veces al "sistema" de azuzamiento de unas naciones contra otras, al "sistema" de matanzas y pogromos. Naturalmente, este último sistema no es posible siempre ni en todas partes, pero allí donde es posible —cuando no se cuenta con las libertades elementales— toma no pocas veces proporciones terribles, amenazando con ahogar en sangre y en lágrimas la unión de los obreros. El Cáucaso y el Sur de Rusia nos dan no pocos ejemplos de esto. "Divide e impera": he ahí el objetivo de la política de azuzamiento. Y en cuanto esta política tiene éxito, representa un mal tremendo para el proletariado, un obstáculo formidable que se levanta ante la unión de los obreros de todas las nacionalidades que integran el Estado.

Pero los obreros están interesados en la fusión completa de todos sus camaradas en un ejército internacional único, en su rápida y definitiva liberación de la esclavitud moral a que la burguesía los somete, en el pleno y libre desarrollo de las fuerzas espirituales de sus hermanos, cualquiera que sea la nación a que pertenezcan.

Por eso, los obreros luchan y lucharán contra todas las formas de la política de opresión de las naciones, desde las más sutiles hasta las más burdas, al igual que contra todas las formas de la política de azuzamiento de unas naciones contra otras.

Por eso, la socialdemocracia de todos los países proclama el derecho de las naciones a la autodeterminación.

El derecho de autodeterminación significa que sólo la propia nación tiene derecho a determinar sus destinos, que nadie tiene derecho a inmiscuirse por la fuerza en la vida de una nación, a destruir sus escuelas y demás instituciones, a atentar contra sus hábitos y costumbres, a poner trabas a su idioma, a restringir sus derechos.

Esto no quiere decir, naturalmente, que la socialdemocracia vaya a apoyar todas y cada una de las costumbres e instituciones de una nación. Luchando contra la violencia ejercida sobre las naciones, sólo defenderá el derecho de la nación a determinar por sí misma sus destinos, emprendiendo al mismo tiempo campañas de agitación contra las costumbres y las instituciones nocivas de esta nación, para dar a las capas trabajadoras de dicha nación la posibilidad de liberarse de ellas.

El derecho de autodeterminación significa que la nación puede organizarse conforme a sus deseos. Tiene derecho a organizar su vida según los principios de la autonomía. Tiene derecho a entrar en relaciones federativas con otras naciones. Tiene derecho a separarse por completo. La nación es soberana, y todas las naciones son iguales en derechos.

Eso, naturalmente, no quiere decir que la socialdemocracia vaya a defender todas las reivindicaciones de una nación, sean cuales fueren. La nación tiene derecho incluso a volver al viejo orden de cosas, pero esto no significa que la socialdemocracia haya de suscribir este acuerdo de tal o cual institución de una nación dada. El deber de la socialdemocracia, que defiende los intereses del proletariado, y los derechos de la nación, integrada por diversas clases, son dos cosas distintas.

Luchando por el derecho de autodeterminación de las naciones, la socialdemocracia se propone como objetivo poner fin a la política de opresión de las naciones, hacer imposible esta política y, con ello, minar las bases de la lucha entre las naciones, atenuarla, reducirla al mínimo.

En esto se distingue esencialmente la política del proletariado consciente de la política de la burguesía, que se esfuerza por ahondar y fomentar la lucha nacional, por prolongar y agudizar el movimiento nacional.

Por eso, precisamente, el proletariado consciente no puede colocarse bajo la bandera "nacional" de la burguesía.

Por eso, precisamente, la política llamada "evolutivo-nacional", propuesta por Bauer, no puede ser la política del proletariado. El intento de Bauer de identificar su política "evolutivo-nacional" con la política "de la clase obrera moderna" es un intento de adaptar la lucha de clase de los obreros a la lucha de las naciones.

Los destinos del movimiento nacional, que es en sustancia un movimiento burgués, están naturalmente vinculados a los destinos de la burguesía. La caída definitiva del movimiento nacional sólo es posible con la caída de la burguesía. Sólo cuando reine el socialismo se podrá instaurar la paz completa. Lo que sí se puede, incluso dentro del marco del capitalismo, es reducir al mínimo la lucha nacional, minarla en su raíz, hacerla lo más inofensiva posible para el proletariado. Así lo atestiguan aunque sólo sean los ejemplos de Suiza y Norteamérica. Para ello es necesario democratizar el país y dar a las naciones la posibilidad de desarrollarse libremente.

3. PLANTEAMIENTO DE LA CUESTIÓN

La nación tiene derecho a determinar libremente sus destinos. Tiene derecho a organizarse como le plazca, naturalmente, siempre y cuando no menoscabe los derechos de otras naciones. Esto es indiscutible.

Pero ¿cómo, concretamente, debe organizarse, qué formas debe revestir su futura constitución, si se toman en cuenta los intereses de la mayoría de la nación y, ante todo, los del proletariado?

La nación tiene derecho a organizarse sobre la base de la autonomía. Tiene derecho incluso a separarse. Pero eso no significa que deba hacerlo bajo cualesquiera condiciones, que la autonomía o la separación sean siempre y en todas partes ventajosas para la nación, es decir, para la mayoría de ella, es decir, para las capas trabajadoras. Los tártaros de la Transcaucasia, como nación, pueden reunirse, supongamos, en su Dieta, y, sometiéndose a la influencia de sus beys y mulhas, restaurar en su país el viejo orden de cosas, decidir su separación del Estado. Conforme al punto de la autodeterminación, tienen perfecto derecho a hacerlo. Pero ¿iría esto en interés de las capas trabajadoras de la nación tártara? ¿Podrían los socialdemócratas contemplar indiferentes cómo los beys y los mulhas arrastraban consigo a las masas en la solución de la cuestión nacional? ¿No debería la socialdemocracia inmiscuirse en el asunto e influir sobre la voluntad de la nación en un determinado sentido? ¿No debería presentar un plan concreto para resolver la cuestión, el plan más ventajoso para las masas tártaras?

Pero ¿qué solución sería la más compatible con los intereses de las masas trabajadoras? ¿La autonomía, la federación o la separación?

Todos estos son problemas cuya solución depende de las condiciones históricas concretas que rodean a la nación de que se trate.

Más aún; las condiciones, como todo, cambian, y una solución acertada para un momento dado puede resultar completamente inaceptable para otro momento.

A mediados del siglo XIX, Marx era partidario de la separación de la Polonia rusa, y con razón, pues entonces se planteaba el problema de liberar una cultura superior de otra cultura inferior que la destruía. Y entonces el problema no se planteaba solamente en teoría, de un modo académico, sino en la práctica, en la realidad misma...

A fines del siglo XIX, los marxistas polacos se manifiestan ya en contra de la separación de

Polonia, y también ellos tienen razón, puesto que en los últimos cincuenta años se han producido cambios profundos en el sentido de un acercamiento económico y cultural entre Rusia y Polonia. Además, durante este tiempo, el problema de la separación ha dejado de ser un problema práctico para convertirse en un tema de discusiones académicas, que tal vez apasiona sólo a los intelectuales residentes en el extranjero.

Esto no excluye, naturalmente, la posibilidad de ciertas coyunturas interiores y exteriores en las cuales el problema de la separación de Polonia puede estar de nuevo a la orden del día.

De ello se desprende que la solución de la cuestión nacional sólo es posible en conexión con las condiciones históricas, tomadas en su desarrollo.

Las condiciones económicas, políticas y culturales que rodean a una nación dada constituyen la única clave para la solución del problema de cómo debe organizarse concretamente tal o cual nación, de qué formas debe revestir su futura constitución. Además, puede ocurrir que cada nación requiera su propia solución del problema. Si hay algún terreno en que sea necesario plantear el problema de manera dialéctica, es precisamente aquí, en la cuestión nacional.

En virtud de esto, debemos declararnos decididamente contra un método muy extendido, pero también muy simplista, de "resolver" la cuestión nacional, que tiene sus orígenes en el Bund. Nos referimos al fácil método de remitirse a la socialdemocracia austriaca y a la sureslava, que, según se dice, han resuelto ya la cuestión nacional y de las que los socialdemócratas rusos deben simplemente tomar prestada su solución. Se parte del supuesto de que todo lo que es acertado para Austria, por ejemplo, lo es también para Rusia. Se pierde de vista lo más importante y decisivo del caso presente: las condiciones históricas concretas de Rusia, en general, y de la vida de cada nación dentro de las fronteras de Rusia, en particular.

Escuchad, por ejemplo, al conocido bundista V. Kossovski:

«Cuando en el IV Congreso del Bund se debatió la cuestión (se refiere a la cuestión nacional. J. St.) desde el punto de vista de los principios, la solución de la misma —propuesta por uno de los miembros del Congreso— en el espíritu de la resolución del Partido Socialdemócrata Sureslavo, encontró la aprobación general.»

En consecuencia, "el Congreso adoptó por unanimidad"... la autonomía nacional.

¡Y eso fue todo! Ni un análisis de la realidad rusa, ni un examen de las condiciones de vida de los judíos en Rusia. ¡Lo primero que se hizo fue tomar prestada la solución del Partido Socialdemócrata Sureslavo, luego "aprobarla" y después "adoptarla por unanimidad"! Así plantean y "resuelven" los bundistas la cuestión nacional en Rusia...

Sin embargo, Austria y Rusia presentan condiciones totalmente distintas. Así se explica por qué los socialdemócratas de Austria, al aprobar el programa nacional en Brünn (1899), inspirándose en la resolución del Partido Socialdemócrata Sureslavo (con algunas enmiendas insignificantes, es cierto), abordaron el problema de una manera completamente no rusa, por decirlo así, y lo resolvieron, naturalmente, de una manera no rusa.

Veamos, ante todo, el planteamiento de la cuestión. ¿Cómo plantean la cuestión Springer y Bauer, los teóricos austriacos de la autonomía cultural-nacional, esos intérpretes del programa nacional de Brünn y de la resolución del Partido Socialdemócrata Sureslavo?

«Dejamos sin respuesta aquí —dice Springer— la cuestión de si es posible, en general, un Estado multinacional y de si, en particular, las nacionalidades austriacas están obligadas a formar un todo político; estas cuestiones vamos a darlas por resueltas. Para quien no esté conforme con esta posibilidad y necesidad, nuestra investigación carecerá, ciertamente, de fundamento. Nuestro tema es el siguiente: puesto que dichas naciones están obligadas a llevar una existencia conjunta, ¿qué formas jurídicas les permitirán convivir mejor?»

Tenemos, pues, la integridad estatal de Austria como punto de partida.

Y lo mismo dice Bauer:

«Partimos del supuesto de que las naciones austriacas permanezcan dentro de la misma unión estatal en que ahora conviven, y preguntamos cuáles serán, dentro de esta unión, las relaciones de las naciones entre sí y de todas ellas con el Estado».

Nuevamente la integridad de Austria en primer término.

¿Puede la socialdemocracia de Rusia plantear así la cuestión? No, no puede. Y no puede porque se atiene desde el primer momento al punto de vista de la autodeterminación de las naciones, en virtud de la cual la nación tiene derecho a separarse.

Hasta el bundista Goldblat reconoció en el II Congreso de la socialdemocracia de Rusia que ésta no puede renunciar al punto de vista de la autodeterminación. He aquí lo que dijo entonces Goldblat:

«Contra el derecho de autodeterminación no puede objetarse nada. Si una nación lucha por su independencia, nadie debe oponerse a ello. Si Polonia no quiere contraer un "matrimonio legal" con Rusia, no somos nosotros quienes hemos de ponerle obstáculos.»

Todo esto es así. Pero de aquí se deduce que los puntos de partida de los socialdemócratas austriacos y rusos, lejos de ser iguales, son, por el contrario, diametralmente opuestos. ¿Puede, después de esto, hablarse de la posibilidad de tomar prestado de los austriacos el programa nacional?

Prosigamos. Los austriacos piensan realizar la "libertad de las nacionalidades" mediante pequeñas reformas a paso lento. Proponiendo la autonomía cultural-nacional como medida práctica, no cuentan para nada con cambios radicales, con un movimiento democrático de liberación, que ellos no tienen en perspectiva. En cambio, los marxistas rusos vinculan el problema de la "libertad de las nacionalidades" con probables cambios radicales, con un movimiento democrático de liberación, no teniendo razones para contar con reformas. Y eso hace cambiar esencialmente la cuestión, en lo que se refiere a los probables destinos de las naciones en Rusia.

«Naturalmente —dice Bauer—, es difícil creer que la autonomía nacional haya de obtenerse como fruto de una gran decisión, de una acción enérgica y audaz. Austria marchará hacia la autonomía nacional paso a paso, por un proceso lento y doloroso, a través de una dura lucha, como resultado de la cual la legislación y la administración se encontrarán en un estado de parálisis crónica. Sí, el nuevo régimen jurídico del Estado no se creará por medio de un gran acto legislativo, sino de una multitud de leyes aisladas, promulgadas para determinados territorios y para comunidades determinadas».

Y lo mismo dice Springer:

«Sé muy bien —escribe Springer— que las instituciones de este género (los organismos de la autonomía nacional. J. St.) no se crean en un año ni en diez. La sola reorganización de la administración prusiana exigió largo tiempo Prusia necesitó dos decenios para establecer definitivamente sus principales instituciones administrativas. Por eso, nadie debe pensar que yo ignoro cuánto tiempo y cuántas dificultades le costará a Austria».

Todo eso es muy preciso, pero ¿pueden acaso los marxistas rusos no vincular la cuestión nacional a "acciones enérgicas y audaces"? ¿Pueden ellos contar con reformas parciales, con una "multitud de leyes aisladas", como medio para conquistar la "libertad de las nacionalidades"? Y si no pueden ni deben hacer esto, ¿no se deduce claramente de aquí que los métodos de lucha y las perspectivas de los austriacos y de los rusos son completamente distintos? ¿Cómo, en esta situación, es posible limitarse a la autonomía cultural-nacional, unilateral y a medias, de los austriacos? Una de dos: o los partidarios de la solución prestada no cuentan con "acciones enérgicas y audaces" en Rusia, o cuentan con ellas, pero "no saben lo que hacen".

Finalmente, Rusia y Austria se hallan ante tareas inmediatas completamente distintas, razón por la cual también es distinto el método que se impone para la solución de la cuestión nacional. Austria vive bajo las condiciones del parlamentarismo, sin parlamento, no sería posible el desarrollo de aquel país en las circunstancias actuales. Pero en Austria la vida parlamentaria y la legislación se paralizan completamente, no pocas veces, a causa de graves choques entre los partidos nacionales. Así se explica la crisis política crónica que desde hace largo tiempo viene padeciendo Austria. Esto hace que la cuestión nacional sea allí el eje de la vida política, un problema de vida o muerte. No es sorprendente, por tanto, que los políticos socialdemócratas austriacos se esfuercen en resolver, ante todo, de un modo o de otro, el problema de los choques nacionales; en resolverlo, claro está, sobre la base del parlamentarismo existente, por métodos parlamentarios...

No ocurre así en Rusia. En primer lugar, en Rusia "no tenemos, gracias a Dios, parlamento". En segundo lugar —y esto es lo fundamental—, el eje de la vida política de Rusia no es la cuestión nacional, sino la agraria. Por eso, los destinos del problema ruso, y, por consiguiente, también los de la "liberación" de las naciones, están vinculados en Rusia a la solución de la cuestión agraria, es decir, a la destrucción de los restos feudales, es decir, a la democratización del país. A ello se debe que en Rusia la cuestión nacional no se presente como una cuestión independiente y decisiva, sino como parte del problema general y más importante de liberar al país de los restos feudales.

«La esterilidad del parlamento austriaco —escribe Springer— se debe precisamente a que cada reforma engendra dentro de los partidos nacionales contradicciones que destruyen su cohesión; por eso los jefes de los partidos rehuyen cuidadosamente todo lo que huele a reforma. En Austria, el progreso sólo es concebible en el caso de que a las naciones se les concedan posiciones legales imprescriptibles que les releven de la necesidad de mantener en el parlamento destacamentos de lucha permanentes y les permitan entregarse a la solución de los problemas económicos y sociales».

Y lo mismo dice Bauer:

«La paz nacional es necesaria ante todo para el Estado. El Estado no puede en modo alguno tolerar que la legislación se paralice por una estúpida cuestión de idioma, por la más leve querella entre las gentes excitadas en cualquier zona plurilingüe, por cada nueva escuela».

Todo esto es comprensible. Pero no menos comprensible es que en Rusia la cuestión nacional está situada en un plano completamente distinto. No es la cuestión nacional, sino la cuestión agraria la que decide el destino del progreso en Rusia; la cuestión nacional es una cuestión subordinada.

Tenemos, pues, un planteamiento distinto de la cuestión, distintas perspectivas y distintos métodos de lucha, distintas tareas inmediatas. ¿Acaso no es evidente que, en esta situación, sólo hombres aficionados al papeleo, que "resuelven" la cuestión nacional fuera del espacio y del tiempo, pueden seguir el ejemplo de Austria y tomar prestado su programa?

Repito: condiciones históricas concretas como punto de partida y planteamiento dialéctico de la cuestión como el único planteamiento acertado: ésa es la clave para la solución del problema nacional.

4. LA AUTONOMÍA CULTURAL-NACIONAL

Más arriba hemos hablado del aspecto formal del programa nacional austriaco, de los fundamentos metodológicos en virtud de los cuales los marxistas rusos no pueden simplemente tomar ejemplo de la socialdemocracia austriaca y hacer suyo el programa de ésta.

Hablemos ahora del programa mismo en su aspecto sustancial.

Así, pues, ¿cuál es el programa nacional de los socialdemócratas austriacos?

Este programa se expresa en dos palabras: autonomía cultural-nacional.

Ello significa, en primer lugar, que la autonomía no se concede, supongamos, a Bohemia o a Polonia, habitadas principalmente por checos y polacos, sino a los checos y polacos en general, independientemente del territorio y sea cual fuere la región de Austria en que habiten.

Es ésta la razón de que tal autonomía se denomine nacional y no territorial.

Ello significa, en segundo lugar, que los checos, los polacos, los alemanes, etc., diseminados por los distintos confines de Austria, considerados individualmente, como personas distintas, se organizan en naciones íntegras y entran, como tales, a formar parte del Estado austriaco. Y así Austria no será una unión de regiones autónomas, sino una unión de nacionalidades autónomas, constituidas independientemente del territorio.

Ello significa, en tercer lugar, que las instituciones nacionales de tipo general que han de ser creadas con estos fines para los polacos, los checos, etc. no entenderán en los asuntos "políticos", sino solamente en los "culturales". Las cuestiones específicamente políticas se concentrarán en el parlamento (Reichsrat) de toda Austria.

Por eso, esta autonomía se denomina, además, cultural, cultural-nacional.

He aquí el texto del programa aprobado por la socialdemocracia austriaca en el Congreso de Brünn de 1899.

Después de indicar que "las disensiones nacionales en Austria impiden el progreso político", que "la solución definitiva de la cuestión nacional es, ante todo, una necesidad cultural" y que esta "solución sólo es posible en una sociedad auténticamente democrática, constituida sobre la base del sufragio universal, directo e igual", el programa continúa:

«La conservación y el desarrollo de las particularidades nacionales de todos los pueblos de Austria sólo es posible sobre la base de la plena igualdad de derechos y de la ausencia de toda clase de opresión. Por tanto, debe ser rechazado, en primer término, todo centralismo burocrático del Estado, lo mismo que los privilegios feudales de los territorios.

En estas condiciones, y solamente en estas condiciones, se podrá establecer en Austria el orden nacional en vez de las disensiones nacionales; precisamente sobre la base de los siguientes principios:

1. Austria debe ser transformada en un Estado que represente una unión democrática de nacionalidades.

2. En lugar de los territorios históricos de la Corona deben formarse corporaciones autónomas nacionalmente delimitadas, en cada una de las cuales la legislación y la administración se confíen a cámaras nacionales elegidas sobre la base del sufragio universal, directo e igual.

3. Todas las regiones autónomas de una y la misma nación forman en conjunto una unión nacional única, que resuelve sus asuntos nacionales de una manera absolutamente autónoma.

4. Los derechos de las minorías nacionales son garantizados por una ley especial promulgada por el Parlamento imperial».

El programa termina con un llamamiento a la solidaridad de todas las naciones de Austria.

No es difícil advertir que en este programa han quedado algunas huellas de "territorialismo", pero en términos generales es la formulación de la autonomía nacional. No en vano Springer, el primer agitador en pro de la autonomía cultural-nacional, lo acoge con entusiasmo. Bauer lo aprueba también, calificándolo de "victoria teórica" de la autonomía nacional; únicamente, en interés de una mayor claridad, propone sustituir el punto 4 por una formulación más precisa, que hable de la necesidad de "constituir la minoría nacional dentro de cada región autónoma como una corporación de derecho público", para regentar los asuntos de las escuelas y otros asuntos culturales.

Tal es el programa nacional de la socialdemocracia austriaca. Examinemos sus fundamentos científicos.

Veamos cómo fundamenta la socialdemocracia austriaca la autonomía cultural-nacional, por la que aboga. Dirijámonos a los teóricos de esta última, a Springer y Bauer. El punto de partida de la autonomía nacional es el concepto de la nación como una unión de personas, independientemente de todo territorio determinado.

«La nacionalidad —según Springer— no guarda la menor relación sustancial con el territorio; la nación es una unión autónoma de personas».

Bauer habla también de la nación como de una "comunidad de personas", a la que "no se otorga una dominación exclusiva en ninguna región determinada".

Pero las personas que componen una nación no siempre viven agrupadas en una masa compacta; frecuentemente se dividen en grupos, y en esta forma se incrustan en organismos nacionales ajenos. Es el capitalismo el que las acucia a ir a diversas regiones y ciudades a ganar su pan. Pero al entrar en territorios nacionales ajenos, formando en ellos minorías, estos grupos sufren a consecuencia de las trabas que las mayorías nacionales del sitio en que residen ponen a su idioma, a sus escuelas, etc. De aquí los conflictos nacionales. De aquí la "inutilidad" de la autonomía territorial. La única salida de esta situación, a juicio de Springer y de Bauer, es organizar las minorías de una nacionalidad dada, dispersas por las diversas regiones del Estado, en una sola unión nacional general, común a todas las clases. Sólo semejante unión podría defender, a juicio de ellos, los intereses culturales de las minorías nacionales, sólo ella sería capaz de poner fin a las discordias nacionales.

«De esto se deduce —dice Springer— la necesidad de constituir las nacionalidades, de dotarlas de derechos y deberes"... Por cierto, "una ley se promulga fácilmente, pero ¿tendrá la eficacia que de ella se espera?"... "Si queréis crear una ley para las naciones, lo primero que tenéis que hacer es crear estas naciones" "Sin constituir las nacionalidades, es imposible crear el derecho nacional y eliminar las disensiones nacionales».

Bauer se manifiesta en el mismo sentido cuando formula como una "reivindicación de la clase obrera" "la constitución de las minorías en corporaciones de derecho público, basadas en el principio personal".

Pero ¿cómo han de organizarse las naciones? ¿Cómo ha de determinarse cuándo un individuo pertenece a ésta o a la otra nación?

«La nacionalidad —dice Springer— se determina por medio de certificados nacionales; cada individuo que viva en una región dada estará obligado a declarar a qué nacionalidad pertenece».

«El principio personal —dice Bauer— presupone que la población se dividirá por nacionalidades sobre la base de la libre declaración de los ciudadanos adultos, para lo cual deben organizarse censos nacionales».

Y más adelante:

«Todos los alemanes —dice Bauer— domiciliados en regiones nacionalmente homogéneas y todos los alemanes inscritos en los censos nacionales de las regiones mixtas, constituirán la nación alemana y elegirán un consejo nacional».

Otro tanto hay que decir de los checos, los polacos, etc.

«El consejo nacional es —según Springer— el parlamento cultural-nacional, llamado a fijar los principios y aprobar los medios necesarios para velar por la enseñanza nacional, la literatura nacional, el arte y la ciencia, la organización de academias, museos, galerías, teatros, etc.»

Tal es la organización de una nación y su institución central.

Formando tales instituciones, comunes a todas las clases, el Partido Socialdemócrata Austriaco aspira, en opinión de Bauer, a "convertir la cultura nacional... en patrimonio de todo el pueblo, y de este modo —el único posible— unir a todos los miembros de la nación en una comunidad nacional-cultural".

Podría pensarse que todo esto sólo guarda relación con Austria. Pero Bauer no está conforme con ello. Afirma resueltamente que la autonomía nacional es también obligatoria para los demás Estados constituidos, como Austria, por varias nacionalidades.

«A la política nacional de las clases poseedoras, a la política de la conquista del Poder en un Estado multinacional, el proletariado de todas las naciones contrapone —según Bauer— su reivindicación de la autonomía nacional».

Y luego, sustituyendo imperceptiblemente la autodeterminación de las naciones por la autonomía nacional, prosigue:

«Y así, la autonomía nacional, la autodeterminación de las naciones, se convierte inevitablemente en el programa constitucional del proletariado de todas las naciones que viven dentro de un Estado multinacional».

Pero Bauer va todavía más lejos. Está profundamente convencido de que las "uniones nacionales" comunes a todas las clases, "constituidas" por él y por Springer, habrán de servir de prototipo para la futura sociedad socialista. Pues sabe que "el régimen social socialista... desmembrará a la humanidad en comunidades nacionalmente delimitadas", que en el socialismo se realizará la "agrupación de la humanidad en comunidades nacionales autónomas", que, "de este modo, la sociedad socialista presentará, indudablemente, un cuadro abigarrado de uniones nacionales de personas y de corporaciones territoriales" y que, por tanto, "el principio socialista de la nacionalidad es la síntesis suprema del principio nacional y de la autonomía nacional".

Creemos que es suficiente...

Tal es la fundamentación de la autonomía cultural-nacional en las obras de Bauer y Springer.

Ante todo, salta a la vista la sustitución absolutamente incomprensible y no justificada, en modo alguno, de la autodeterminación de las naciones por la autonomía nacional. Una de dos: o Bauer no comprende lo que es autodeterminación o lo comprende y, por una u otra razón, restringe deliberadamente este concepto. Pues es indudable:

a) que la autonomía cultural-nacional implica la integridad del Estado compuesto por varias nacionalidades, mientras que la autodeterminación se sale del marco de esta integridad.

b) que la autodeterminación da a la nación toda la plenitud de derechos, mientras que la autonomía nacional sólo le da derechos "culturales".

Esto, en primer lugar.

En segundo lugar, cabe perfectamente dentro de lo posible que en el futuro concurran tales circunstancias interiores y exteriores, que esta o la otra nacionalidad se decida a salirse del Estado multinacional de que forma parte, por ejemplo, de Austria (¿acaso en el Congreso de Brünn los socialdemócratas rutenos no se declararon dispuestos a unir en un todo las "dos partes" de su pueblo?). ¿Qué hacer, en tal caso, con la autonomía nacional "inevitable para el proletariado de todas las naciones"? ¿Qué "solución" del problema es ésta, que encaja mecánicamente a las naciones en el lecho de Procusto de la integridad de un Estado?

Prosigamos. La autonomía nacional está en contradicción con todo el curso del desarrollo de las naciones. Da la consigna de organizar las naciones. Pero ¿pueden las naciones soldarse artificialmente, si la vida, si el desarrollo económico desgaja de ellas a grupos enteros y los dispersa por diversos territorios? No cabe duda de que en las primeras fases del capitalismo las naciones se cohesionan. Pero asimismo es indudable que en las fases superiores del capitalismo comienza un proceso de dispersión de las naciones, un proceso en el que se separa de las naciones toda una serie de grupos que salen a ganarse el pan y que acaban asentándose definitivamente en otros territorios del Estado. De este modo, los grupos que cambian de residencia pierden los viejos vínculos y adquieren otros nuevos en los nuevos sitios, asimilan, de generación en generación, nuevos hábitos y nuevos gustos, y, tal vez, también un nuevo idioma. Y se pregunta: ¿es posible fundir en una sola unión nacional a estos grupos, disociados unos de otros? ¿Dónde están los aros mágicos con los cuales pudiera unirse lo que no tienen unión posible? ¿Sería concebible "cohesionar en una nación", por ejemplo, a los alemanes del Báltico y a los alemanes de la Transcaucasia? Y si todo esto es inconcebible e imposible, ¿en qué se distingue, en este caso, la autonomía nacional de la utopía de los viejos nacionalistas, que se esforzaban en volver atrás el carro de la historia?

Pero la unidad de una nación no se desmorona solamente por efecto de las migraciones. Se desmorona también por causas internas, por efecto de la agudización de la lucha de clases. En las primeras fases del capitalismo aún podía hablarse de la "comunidad cultural" del proletariado y la burguesía. Pero, con el desarrollo de la gran industria y con la agudización de la lucha de clases, esta "comunidad" comienza a esfumarse. No es posible hablar seriamente de "comunidad cultural" de una nación, cuando los patronos y los obreros de la misma nación dejan de entenderse unos a otros. ¿De qué "comunidad de destinos" puede hablarse cuando la burguesía está sedienta de guerra y el proletariado declara la "guerra a la guerra"? ¿Se puede, con estos elementos antagónicos, organizar una unión nacional única y común a todas las clases? ¿Es posible, después de esto, hablar de la "unión de todos los miembros de la nación en una comunidad nacional-cultural"? ¿No se desprende claramente de aquí que la autonomía nacional se contradice con toda la marcha de la lucha de clases?

Pero admitamos por un momento que la consigna de "¡organizad la nación!" sea una consigna viable. Todavía podría uno comprender a los parlamentarios nacionalistas burgueses, que se esfuerzan en "organizar" la nación con objeto de obtener más votos. Pero ¿desde cuándo los socialdemócratas se dedican a "organizar" naciones, a "constituir" naciones, a "crear" naciones?

¿Qué socialdemócratas son esos que, en una época de la más intensa agudización de la lucha de clases, se ponen a organizar uniones nacionales comunes a todas las clases? Hasta ahora, la socialdemocracia austriaca, como todas las demás, tenía una sola misión: organizar al proletariado. Pero, por lo visto, esta misión está "anticuada". Ahora Springer y Bauer señalan una misión "nueva", más sugestiva: la de "crear", la de "organizar" la nación.

Por lo demás, la lógica obliga: quien acepta la autonomía nacional tiene que aceptar también esta "nueva" misión; pero eso equivale a abandonar las posiciones de clase, a pisar la senda del nacionalismo.

La autonomía cultural-nacional de Springer y Bauer es una sutil variedad del nacionalismo.

Y no es, ni mucho menos, fortuito que el programa nacional de los socialdemócratas austriacos imponga la obligación de velar por "la conservación y el desarrollo de las particularidades nacionales de los pueblos". ¡Fijaos bien en lo que significaría "conservar" tales "particularidades nacionales" de los tártaros de la Transcaucasia como la autoflagelación en la fiesta del "Shajsei-Vajsei" o "desarrollar" tales "peculiaridades nacionales" de los georgianos como el "derecho de venganza"!

Este punto estaría muy en su lugar en un programa rabiosamente burgués-nacionalista, y si figura en el programa de los socialdemócratas austriacos es porque la autonomía nacional tolera puntos semejantes y no está en contradicción con ellos.

Pero la autonomía nacional, inservible para la sociedad presente, lo es todavía más para la futura, para la sociedad socialista.

La profecía de Bauer de "la desmembración de la humanidad en comunidades nacionalmente delimitadas" queda refutada por toda la trayectoria del desarrollo de la humanidad moderna. Las barreras nacionales, lejos de reforzarse, se desmoronan y caen. Ya en la década del 40, Marx decía que "el aislamiento nacional y los antagonismos entre los pueblos desaparecen de día en día" y que "el dominio del proletariado los hará desaparecer más de prisa todavía. El desarrollo ulterior de la humanidad, con el crecimiento gigantesco de la producción capitalista, con la mezcolanza de nacionalidades y la unificación de los individuos en territorios cada vez más vastos, confirma rotundamente la idea de Marx.

El deseo de Bauer de presentar la sociedad socialista bajo la forma de "un cuadro abigarrado de uniones nacionales de personas y de corporaciones territoriales" es un tímido intento de suplantar la concepción de Marx del socialismo por la concepción, reformada, de Bakunin. La historia del socialismo revela que todos los intentos de este género llevan siempre en su seno los elementos de una bancarrota inevitable.

Y no hablemos ya de ese "principio socialista de la nacionalidad" ensalzado por Bauer y que es, a juicio nuestro, la sustitución del principio socialista de la lucha de clases por un principio burgués, por el "principio de la nacionalidad". Si la autonomía nacional arranca de un principio tan dudoso, necesario es reconocer que sólo puede inferir daño al movimiento obrero.

Es cierto que este nacionalismo no se transparenta tanto, pues se enmascara hábilmente con frases socialistas; por eso es tanto más dañoso para el proletariado. Al nacionalismo franco siempre se le puede batir: no es difícil discernirlo. Es mucho más difícil luchar contra un nacionalismo enmascarado y no identificable bajo su careta. Protegido con la coraza del socialismo, es menos vulnerable y más vivaz. Como vive entre los obreros, emponzoña la atmósfera, sembrando ideas dañinas de desconfianza mutua y de aislamiento entre los obreros de distintas nacionalidades.

Pero el daño que causa la autonomía nacional no se reduce a esto. No sólo prepara el terreno al aislamiento de las naciones, sino también a la fragmentación del movimiento obrero unido. La idea de la autonomía nacional sienta las premisas psicológicas para la división del partido obrero unido en diversos partidos organizados por nacionalidades. Tras los partidos se fraccionan los sindicatos, y el resultado es un completo aislamiento. Y así, un movimiento de clase unido se desparrama en distintos riachuelos nacionales aislados.

Austria, cuna de la "autonomía nacional", nos proporciona los más deplorables ejemplos de este fenómeno. El Partido Socialdemócrata Austriaco, en otro tiempo unido, comenzó ya en 1897 (en el Congreso de Wimberg) a fraccionarse en distintos partidos separados. Después del Congreso de Brünn (1899), en que se aprobó la autonomía nacional, el fraccionamiento se acentuó todavía más. Por último, la cosa ha llegado hasta el punto de que, en vez de un partido internacional unido, hoy existen seis partidos nacionales, de los que uno, el Partido Socialdemócrata Checo, no quiere incluso tener la menor relación con la socialdemocracia alemana.

A los partidos están vinculados los sindicatos. En Austria, lo mismo en unos que en otros, la labor principal pesa sobre los mismos obreros socialdemócratas. Había, pues, razones para temer que el separatismo en el seno del partido llevase al separatismo dentro de los sindicatos, que éstos se fraccionasen también. Y así ha ocurrido, en efecto: los sindicatos se han dividido también por nacionalidades. Y ahora las cosas llegan no pocas veces al extremo de que los obreros checos rompan una huelga sostenida por los obreros alemanes o luchen en las elecciones municipales junto a la burguesía checa contra los obreros de nacionalidad alemana.

De lo expuesto se desprende que la autonomía cultural-nacional no resuelve la cuestión nacional. Lejos de ello, la exacerba y la embrolla, abonando el terreno para escindir la unidad del movimiento obrero, para aislar a los obreros por nacionalidades, para acentuar las fricciones entre ellos.

Tales son los frutos de la autonomía nacional.

5. EL BUND, SU NACIONALISMO Y SU SEPARATISMO

Hemos dicho más arriba que Bauer, reconociendo que la autonomía nacional es necesaria para los checos, los polacos, etc., se declara, no obstante, contrario a esta autonomía para los judíos. A la pregunta de "¿debe la clase obrera reivindicar la autonomía para el pueblo judío?", Bauer contesta que "la autonomía nacional no puede ser una reivindicación de los obreros judíos". La causa reside, a juicio de Bauer, en que "la sociedad capitalista no les permite (a los judíos. J. St.) subsistir como nación".

Resumiendo: la nación judía está dejando de existir; por tanto, no hay para quién reivindicar la autonomía nacional. Los judíos van siendo asimilados.

Esta opinión acerca de los destinos de los judíos como nación no es nueva. Marx la expresó ya en la década del 40, refiriéndose, principalmente, a los judíos alemanes. Kautsky la repitió en 1903, refiriéndose a los judíos rusos. Ahora la repite Bauer con relación a los judíos austriacos. Con la diferencia, sin embargo, de que él no niega el presente, sino el futuro de la nación judía.

Bauer explica la imposibilidad de que los judíos subsistan como nación por el hecho de que "los judíos no poseen un territorio delimitado de colonización". Esta explicación, acertada en principio, no expresa, sin embargo, toda la verdad. La razón estriba, ante todo, en que los judíos no tienen una capa de población extensa y estable ligada a la tierra y que cohesione de un modo natural a la nación, no sólo como su osamenta, sino también como mercado "nacional". De los 5 ó 6 millones de judíos rusos, sólo un 3 ó 4% se halla vinculado de un modo o de otro a la agricultura. El 96% restante trabaja en el comercio, en la industria, en las instituciones urbanas, y, en general, habita en las ciudades y, además, diseminado por toda Rusia, sin constituir la mayoría ni en una sola provincia.

De este modo, incrustados como minorías nacionales en territorios de otra nacionalidad, los judíos sirven principalmente a naciones "ajenas" como industriales y comerciantes y también ejerciendo profesiones liberales, adaptándose de un modo natural a las "naciones ajenas" en cuanto al idioma, etc. Todo esto, sumado a la creciente mezcolanza de las nacionalidades, peculiar de las formas desarrolladas del capitalismo, conduce a la asimilación de los judíos. La abolición de las "zonas de asentamiento" no hará más que acelerar esta asimilación.

Por esta razón, la cuestión de la autonomía nacional reviste, en lo que a los judíos rusos se refiere, un carácter un tanto peregrino: ¡se propone la autonomía para una nación cuyo futuro se niega y cuya existencia necesita todavía ser demostrada!

No obstante, el Bund se colocó en esta posición peregrina y precaria, al adoptar en su VI Congreso (1905) un "programa nacional" en el espíritu de la autonomía nacional.

Dos circunstancias indujeron al Bund a dar este paso. La primera circunstancia es la existencia del Bund como organización de los obreros socialdemócratas judíos y solamente judíos. Ya antes de 1897 los grupos socialdemócratas que trabajaban entre los obreros judíos se propusieron el objetivo de crear "una organización obrera específicamente judía". En 1897 crearon esta organización unificándose en el Bund. Ocurrió esto en la época en que, de hecho, la socialdemocracia de Rusia no existía aún como un todo. Desde entonces, el Bund ha ido creciendo y extendiéndose continuamente, destacándose cada vez más sobre el fondo de los días grises de la socialdemocracia de Rusia. Pero he aquí que llegan los años del novecientos. Comienza el movimiento obrero de masas. Crece la socialdemocracia polaca y arrastra a la lucha de masas a los obreros judíos. Crece la socialdemocracia de Rusia y se atrae a los obreros "bundistas". El marco nacional del Bund, carente de una base territorial, comienza a hacerse estrecho. Ante el Bund se plantea el problema de disolverse en la ola internacional general o defender su existencia independiente, como organización extraterritorial. Y el Bund opta por lo segundo.

Así se crea la "teoría" del Bund, como "único representante del proletariado judío".

Pero justificar esta extraña "teoría" de una manera más o menos "sencilla" resultaba imposible. Era necesario encontrar una base "de principio", una justificación "de principio". La autonomía cultural-nacional resultó ser esta base. Y el Bund se aferró a ella, tomándola prestada de la socialdemocracia austriaca. Si los austriacos no hubiesen tenido semejante programa, el Bund lo habría inventado para justificar "en el terreno de los principios" su existencia independiente.

De este modo, después del tímido intento hecho en 1901 (IV Congreso), el Bund adopta de manera definitiva el "programa nacional" en 1905 (VI Congreso).

La segunda circunstancia es la situación especial de los judíos como minorías nacionales en las regiones con mayorías compactas de otras nacionalidades. Ya hemos dicho que esta situación mina la existencia de los judíos como nación, situándolos en el camino de la asimilación. Pero esto es un proceso objetivo. Subjetivamente, en las mentes de los judíos provoca una reacción y plantea el problema de las garantías para los derechos de la minoría nacional, de las garantías contra la asimilación. Predicando la vitalidad de la "nacionalidad" judía, el Bund no podía por menos de situarse en el punto de vista de las "garantías". Y, una vez adoptada esta posición, no podía por menos de aceptar la autonomía nacional, pues si el Bund había de acogerse a una autonomía cualquiera, ésta no podía ser otra que la nacional, es decir, cultural-nacional: la carencia de un territorio definido e íntegro no permitía ni hablar de una autonomía político-territorial para los judíos.

Es significativo que el Bund subrayase desde el primor momento el carácter de la autonomía nacional como garantía de los derechos de las minorías nacionales, como garantía del "libre desarrollo" de las naciones. Y tampoco es casual que Goldblat, el representante del Bund en el II Congreso de la socialdemocracia de Rusia, formulase la autonomía nacional como "instituciones que les garanticen [a las naciones. J. St.] plena libertad de desarrollo cultural". La misma proposición presentaron a la minoría socialdemócrata de la IV Duma los partidarios de las ideas del Bund.

Así fue como el Bund adoptó la peregrina posición de la autonomía nacional de los judíos.

Más arriba hemos analizado la autonomía nacionaL en líneas generales. Este análisis ha puesto de manifiesto que la autonomía nacional conduce al nacionalismo. Más adelante veremos que el Bund ha llegado a ese mismo final. Pero el Bund enfoca, además, la autonomía nacional en un aspecto especial, como garantía de los derechos de las minorías nacionales. Examinemos también la cuestión en este aspecto especial. Ello es tanto más necesario por cuanto la cuestión de las minorías nacionales, y no sólo de las judías, encierra para la socialdemocracia una gran importancia.

Tenemos, pues, "instituciones que garanticen" a las naciones "plena libertad de desarrollo cultural".

Pero ¿qué "instituciones" son ésas "que garantizan", etc.?

Ante todo, el "consejo nacional" de Springer-Bauer, algo por el estilo de una Dieta para asuntos culturales.

Pero ¿acaso pueden estas instituciones garantizar la "plena libertad de desarrollo cultural" de la nación. ¿Acaso puede una Dieta para asuntos culturales garantizar a la nación contra las represiones nacionalistas?

El Bund entiende que sí.

Pero la historia dice lo contrario.

En la Polonia rusa existió en un tiempo una Dieta, una Dieta política, y ésta, naturalmente, se esforzaba por garantizar la libertad de "desarrollo cultural" de los polacos, pero no sólo no lo consiguió, sino que por el contrario ella misma sucumbió en lucha desigual contra las condiciones políticas generales imperantes en Rusia.

En Finlandia existe desde hace largo tiempo una Dieta, que también se esfuerza por defender a la nacionalidad finlandesa contra los "atentados".

Pero si puede hacer mucho en este sentido, es cosa que está a la vista de todo el mundo.

Naturalmente que no todas las Dietas son iguales, y con la Dieta democráticamente organizada de Finlandia no es tan fácil arreglárselas como con la Dieta aristocrática polaca. Pero lo decisivo no es, sin embargo, la Dieta misma, sino el orden general de cosas reinante en Rusia. Si hoy existiese en Rusia un orden de cosas político-social tan brutalmente asiático como en el pasado, en los años en que fue abolida la Dieta polaca, a la Dieta finlandesa le iría mucho peor. Por otra parte, la política de "atentados" contra Finlandia se acentúa, y no se puede decir que esta política sufra derrotas...

Y si así se presentan las cosas tratándose de instituciones antiguas, formadas en el transcurso de la historia, de Dietas políticas, menos han de poder garantizar el libre desarrollo de las naciones Dietas jóvenes, instituciones jóvenes y, además, tan débiles como las Dietas "culturales".

La cuestión no estriba, evidentemente, en las "instituciones", sino en el orden general imperante en el país. Si en el país no hay democratización, no hay tampoco garantías para la "plena libertad de desarrollo cultural" de las nacionalidades. Con seguridad puede decirse que cuanto más democrático sea el país, menos "atentados" habrá a la "libertad de las nacionalidades" y mayores serán las garantías contra esos "atentados".

Rusia es un país semiasiático, y por eso la política de "atentados" reviste allí, no pocas veces, las formas más brutales, formas de pogromo. Huelga decir que en Rusia las "garantías" han sido reducidas al mínimo.

Alemania es ya Europa, con mayor o menor libertad política. No es de extrañar que allí la política de "atentados" no revista nunca formas de pogromo.

En Francia, naturalmente, hay todavía mayores "garantías", pues Francia es un país más democrático que Alemania.

Y no hablemos ya de Suiza, donde gracias a su elevada democracia, aunque burguesa, las nacionalidades viven libremente, lo mismo si son minoría que mayoría.

El Bund sigue, pues, un camino falso, al afirmar que las "instituciones" pueden por sí solas garantizar el pleno desarrollo cultural de las nacionalidades.

Podrá objetarse que el mismo Bund considera la democratización de Rusia como condición previa para la "creación de estas instituciones" y para las garantías de la libertad. Pero eso es falso. Por el "Informe de la VIII Conferencia del Bund" se ve que éste piensa conseguir esas "instituciones" sobre la base del actual orden de cosas vigente en Rusia, por medio de una "reforma" de la comunidad judía.

"La comunidad —dijo en esta Conferencia uno de los líderes del Bund— puede convertirse en el núcleo de la futura autonomía cultural-nacional. La autonomía cultural-nacional es la forma en que las naciones se sirven a sí mismas, la forma de satisfacer las necesidades nacionales. Bajo la forma de la comunidad se alberga el mismo contenido. Son eslabones de la misma cadena, etapas de la misma evolución".

Partiendo de esto, la Conferencia acordó que era necesario luchar "por la reforma de la comunidad judía y por transformarla legislativamente en una institución laica", democráticamente organizada.

Está claro que el Bund no considera como condición y garantía la democratización de Rusia, sino la futura "institución laica" de los judíos, que ha de obtenerse mediante la "reforma de la comunidad judía", por vía "legislativa", digámoslo así, a través de la Duma.

Pero ya hemos visto que, por sí solas, sin un orden de cosas democrático vigente en todo el Estado, las "instituciones" no pueden servir de "garantías".

Ahora bien, ¿qué ocurrirá bajo un futuro régimen democrático? ¿No serán también necesarias, bajo la democracia, instituciones especiales, "instituciones culturales que garanticen", etc.? ¿Cómo se presentan las cosas, a este respecto, en la democrática Suiza, por ejemplo? ¿Existen allí instituciones culturales especiales por el estilo del "consejo nacional" de Springer? No, no existen. Pero ¿no sufren por ello los intereses culturales de los italianos, por ejemplo, que constituyen allí una minoría?

Al parecer, no. Y la cosa es lógica: la democracia en Suiza hace superfluas todas esas "instituciones" culturales especiales, que, según se pretende, "garantizan", etc.

Por tanto, impotentes en cuanto al hoy y superfluas en cuanto al mañana, así son las instituciones de la autonomía cultural-nacional, así es la autonomía nacional.

Pero esta autonomía resulta aún más perjudicial cuando se le impone a una "nación" cuya existencia y cuyo porvenir están en tela de juicio. En tales casos, los partidarios de la autonomía nacional están obligados a proteger y conservar todas las particularidades de la "nación", no sólo las útiles, sino también las perniciosas, con tal de "salvar a la nación" de ser asimilada, con tal de "preservarla".

El Bund tenía que emprender indefectiblemente este peligroso camino. Y lo emprendió en efecto. Nos referimos a los conocidos acuerdos de las últimas Conferencias del Bund sobre el "sábado", sobre el "yidish", etc.

La socialdemocracia postula el derecho de emplear la lengua materna para todas las naciones; pero el Bund no se da por satisfecho con esto y exige que se defiendan "con especial insistencia" "los derechos de la lengua judía". Y el mismo Bund, en las elecciones a la IV Duma, da "preferencia a los (compromisarios) que se obliguen a defender los derechos de la lengua judía".

¡No es el derecho general a emplear la lengua materna, sino el derecho particular a emplear la lengua judía, el "yidish"! ¡Que los obreros de cada nacionalidad luchen ante todo por su propia lengua: los judíos por el judío, los georgianos por el georgiano, etc. La lucha por los derechos generales de todas las naciones es una cosa secundaria. Podéis incluso no reconocer el derecho a emplear la lengua materna para todas las nacionalidades oprimidas pero, si reconocéis el derecho a emplear el "yidish", ya sabéis que el Bund votará por vosotros, que el Bund os dará "preferencia".

¿En qué se distingue, entonces, el Bund de los nacionalistas burgueses?

La socialdemocracia postula el establecimiento de un día obligatorio de descanso a la semana, pero el Bund no se da por satisfecho con esto y exige que se "asegure al proletariado judío, legislativamente, el derecho a celebrar el sábado, relevándole de la obligación de celebrar también otro día".

Es de esperar que el Bund dará "un paso adelante" y exigirá el derecho a celebrar todas las viejas fiestas judías. Y si, para desgracia del Bund, los obreros judíos se han curado de prejuicios y no desean celebrar esas fiestas, el Bund, con su campaña (de agitación por el "derecho del sábado", les recordará el sábado, cultivará en ellos, por decirlo así, el "espíritu del sábado"

Por eso se comprenden perfectamente los "fogosos discursos" pronunciados en la VIII Conferencia del Bund pidiendo "hospitales judíos", reivindicación ésta que se razonaba diciendo que "el enfermo se siente mejor entre los suyos", que "el obrero judío se sentirá mal entre obreros polacos y se sentirá bien entre tenderos judíos".

Conservar todo lo judío, preservar todas las peculiaridades nacionales de los judíos, hasta las que se sabe de antemano que son perjudiciales para el proletariado, separar a los judíos de todo lo que no sea judío, llegando hasta a construir hospitales especiales: ¡fijaos cuán bajo ha ido a parar el Bund!

El camarada Plejánov tenía una y mil veces razón al decir que el Bund "adapta el socialismo al nacionalismo". Naturalmente, V. Kossovski y otros bundistas como él pueden motejar a Plejánov de "demagogo", —el papel lo aguanta todo—, pero conociendo la actuación del Bund, no es difícil comprender que estas bravas gentes temen sencillamente decir la verdad acerca de sí mismas y se escudan en improperios a propósito de la "demagogia".

Pero, al mantener tal posición en el problema nacional, el Bund, naturalmente, tenía que emprender también en materia de organización la senda del aislamiento de los obreros judíos, la senda de las curias nacionales dentro de la socialdemocracia. ¡Tal es la lógica de la autonomía nacional!

Y, en efecto, de la teoría del "único representante" el Bund pasa a la teoría del "deslindamiento nacional" de los obreros. El Bund exige de la socialdemocracia de Rusia que "introduzca en la estructura de su organización un deslindamiento por nacionalidades". Y del "deslindamiento" da "un paso adelante" hacia la teoría del "aislamiento". No en vano en la VIII Conferencia del Bund resollaron discursos sosteniendo que "en el aislamiento es donde reside la existencia nacional".

El federalismo en la organización alberga en su seno elementos de descomposición y de separatismo. El Bund marcha hacia el separatismo.

Y en realidad, no le queda otro camino. Ya su misma existencia como organización extraterritorial le empuja a la senda del separatismo. El Bund no posee un territorio íntegro y definido; opera en territorios "ajenos", mientras que la socialdemocracia polaca, la letona y la rusa, entre las que se mueve, son colectividades territoriales internacionales. Pero ello hace que cada ampliación de estas colectividades represente para el Bund una "pérdida", una reducción de su campo de acción. Una de dos: o toda la socialdemocracia de Rusia debe reorganizarse sobre los principios del federalismo nacional, en cuyo caso el Bund obtiene la posibilidad de "asegurarse" el proletariado judío; o se mantiene en vigor el principio territorial internacional de estas colectividades, en cuyo caso el Bund tiene que reorganizarse sobre los principios internacionalistas, como ocurre con la socialdemocracia polaca y la letona.

Esto explica por qué el Bund exige desde el primer momento "la reconstrucción de la socialdemocracia de Rusia sobre principios federativos".

En 1906, el Bund, cediendo a la ola de unificación nacida en la base, eligió el camino intermedio, ingresando en la socialdemocracia de Rusia. Pero ¿cómo ingresó?. Mientras que la socialdemocracia polaca y la letona ingresaron en ella para trabajar pacífica y conjuntamente, el Bund ingresó con el fin de guerrear por la federación. El líder de los bundistas, Medem, así lo dijo entonces:

«No vamos a un idilio, sino a la lucha. No hay idilio y sólo los Manílov pueden esperar que lo haya en un porvenir próximo. El Bund debe entrar en el Partido armado de pies a cabeza».

Sería un error ver en esto mala voluntad por parte de Medem. No se trata de mala voluntad, sino de la posición especial del Bund, en virtud de la cual éste no puede por menos de luchar contra la socialdemocracia de Rusia, organizada sobre los principios del internacionalismo. Ahora bien, luchando contra ella, el Bund, naturalmente, infringía los intereses de la unidad. Por último, la cosa llegó hasta la ruptura formal del Bund con la socialdemocracia de Rusia: el Bund, violando los estatutos, se unió, en las elecciones a la IV Duma, con los nacionalistas de Polonia contra los socialdemócratas polacos.

El Bund encontró, por lo visto, que la ruptura era la mejor manera de asegurar su actuación independiente.

Así fue como el "principio" del "deslindamiento" en el terreno de la organización condujo al separatismo, a la completa ruptura.

Polemizando acerca del federalismo con la vieja "Iskra", el Bund escribía en cierta época:

"La "Iskra" quiere convencernos de que las relaciones federativas del Bund con la socialdemocracia de Rusia deben debilitar los vínculos entre ellos. No podemos refutar esta opinión remitiéndonos a la experiencia de Rusia, por la sencilla razón de que la socialdemocracia de Rusia no existe como una unión federativa. Pero podemos referirnos a la experiencia extraordinariamente instructiva de la socialdemocracia de Austria, que asumió carácter federativo sobre la base del acuerdo del Congreso del Partido celebrado en 1897".

Esto fue escrito en 1902.

Pero ahora estamos en 1913. Ahora tenemos tanto la "experiencia" de Rusia como la "experiencia de la socialdemocracia de Austria".

¿Qué nos dicen estas experiencias?

Comencemos por "la experiencia instructiva tan extraordinaria de la socialdemocracia de Austria". Hasta 1896, aún existía en Austria un partido socialdemócrata único. En ese año, los checos por primera vez reclaman y obtienen en el Congreso Internacional de Londres una representación aparte. En 1897, en el Congreso del Partido celebrado en Viena (en Wimberg), se liquida formalmente el partido único y se constituye en su lugar una unión federativa de seis "grupos socialdemócratas" nacionales. Más adelante, estos "grupos" se convierten en partidos independientes.

Poco a poco, los partidos van rompiendo los vínculos entre sí. Tras los partidos se escinde la minoría parlamentaria y se forman "clubs" nacionales. Les siguen los sindicatos, que se fraccionan también por nacionalidades. La cosa llega hasta las cooperativas, para cuyo fraccionamiento exhortan a los obreros los separatistas checos. Y no hablemos ya de cómo la agitación separatista entibia en los obreros el sentimiento de solidaridad empujándolos no pocas veces a la senda de los rompehuelgas.

Vemos, pues, que "la experiencia instructiva tan extraordinaria de la socialdemocracia de Austria" habla en contra del Bund y a favor de la vieja "Iskra". En el partido austriaco, el federalismo condujo al separatismo más vergonzoso y a la destrucción de la unidad del movimiento obrero.

Ya hemos visto más arriba que la "experiencia de Rusia" nos dice lo mismo. Los separatistas bundistas, al igual que los checos, rompieron con la socialdemocracia común, con la socialdemocracia de Rusia. En cuanto a los sindicatos, a los sindicatos bundistas, estuvieron organizados, desde el primer momento, sobre los principios de la nacionalidad, es decir, estaban desligados de los obreros de otras nacionalidades.

Completo aislamiento, completa ruptura: he ahí lo que pone de manifiesto la "experiencia rusa" del federalismo.

No es extraño que este estado de cosas repercuta entre los obreros, entibiando el sentimiento de solidaridad y provocando la desmoralización, la cual penetra también en el Bund. Nos referimos, al decir esto, a los conflictos cada vez más frecuentes entre los obreros judíos y polacos a causa del paro forzoso. He aquí los discursos que resanaron, a este propósito, en la IX Conferencia del Bund.

"Consideramos como pogromistas, como amarillos, a los obreros polacos que nos desalojan del trabajo, y no apoyamos sus huelgas, las rompemos. En segundo lugar, contestamos al desalojamiento con el desalojamiento: como réplica a la no admisión de los obreros judíos en las fábricas, no dejamos que los obreros polacos se acerquen a los bancos de trabajo manual. Si no tomamos este asunto en nuestras manos, los obreros se irán con otros".

Así es como se habla de la solidaridad en la Conferencia de los bundistas.

No se puede ir más lejos en la senda del "deslindamiento" y del "aislamiento". El Bund ha alcanzado sus objetivos: deslinda a los obreros de distintas nacionalidades hasta llegar a la pendencia, hasta hacer de ellos rompehuelgas. Y no puede ser de otro modo: "Si no tomamos este asunto en nuestras manos, los obreros se irán con otros"...

Desorganización del movimiento obrero, desmoralización en las filas de la socialdemocracia: he ahí a dónde conduce el federalismo bundista.

Así, pues, la idea de la autonomía cultural-nacional y la atmósfera que crea han resultado ser todavía más dañinas en Rusia que en Austria.

6. LOS CAUCASIANOS, LA CONFERENCIA DE LOS LIQUIDADORES

Más arriba hemos hablado de las vacilaciones de una parte de los socialdemócratas caucasianos, que no pudieron resistir a la "epidemia" nacionalista. Estas vacilaciones se expresaron en el hecho de que los mencionados socialdemócratas siguieron —por extraño que ello parezca— las huellas del Bund, proclamando la autonomía cultural-nacional.

Autonomía regional para todo el Cáucaso y autonomía cultural-nacional para las naciones que viven en el Cáucaso: así es como formulan su reivindicación estos socialdemócratas, que, dicho sea de paso, se han adherido a los liquidadores rusos.

Oigamos a su reconocido líder, al célebre N.:

"De todos es sabido que el Cáucaso se distingue profundamente de las provincias centrales, tanto por la composición racial de su población, como por el territorio y la agricultura. La explotación y el desarrollo material de una región como ésta requieren hombres nacidos en ella, que conozcan las particularidades locales y estén acostumbrados al clima y a la cultura local. Es necesario que todas las leyes que persigan fines de explotación del territorio local sean promulgadas en el país mismo y puestas en práctica por elementos locales. Consiguientemente, será de la competencia del órgano central de la administración autónoma caucasiana la promulgación de leyes sobre problemas locales... De esta manera, las funciones del centro caucasiano consistirán en la promulgación de aquellas leyes que persigan fines de explotación económica del territorio local y la prosperidad material de la región".

Tenemos, pues, la autonomía regional para el Cáucaso.

Si prescindimos de los argumentos de N., un tanto confusos e incoherentes, hay que reconocer que la conclusión a que llega es exacta. La autonomía regional del Cáucaso, dentro del marco de la constitución general del Estado —cosa que N. no niega— es, en realidad, necesaria, en virtud de las particularidades de su composición y de sus condiciones de vida. Esto ha sido reconocido también por la socialdemocracia de Rusia, que en el II Congreso proclamó "la administración autónoma regional para todos los territorios periféricos que, por sus condiciones de vida y su población, se distinguen de los territorios propiamente rusos".

Al someter este punto a la discusión del II Congreso, Mártov lo razonó diciendo que "la enorme extensión de Rusia y la experiencia de nuestra administración centralizada nos dan motivos para considerar necesaria y conveniente la existencia de una administración autónoma regional para unidades tan grandes como Finlandia, Polonia, Lituania y el Cáucaso".

De ahí se desprende que por administración autónoma regional hay que entender la autonomía regional.

Pero N. va más lejos. A su juicio, la autonomía regional del Cáucaso abarca "solamente un aspecto de la cuestión".

«"Hasta aquí hemos hablado solamente del desarrollo material de la vida local. Pero al desarrollo económico de la región contribuye no sólo la actividad económica, sino también la actividad espiritual, cultural"... "Una nación culturalmente fuerte es también fuerte en el terreno económico"... "Pero el desarrollo cultural de las naciones sólo es posible sobre la base del idioma nacional"... "Por eso, todos los problemas relacionados con el idioma materno son problemas cultural-nacionales. Tales son los problemas de la enseñanza, del procedimiento judicial, de la iglesia, de la literatura, de las artes, de las ciencias, del teatro, etc. Si el desarrollo material de la región unifica las naciones, los asuntos nacional-culturales las desunen, colocando a cada una de ellas en un palenque distinto. Las actividades del primer género están vinculadas a un determinado territorio"... "No sucede así con los asuntos cultural-nacionales. Estos no están vinculados con un territorio determinado, sino con la existencia de una nación determinada. Los destinos del idioma georgiano interesan por igual a los georgianos, dondequiera que éstos vivan. Sería prueba de supina ignorancia decir que la cultura georgiana sólo atañe a los georgianos que viven en Georgia. Tomemos, por ejemplo, la iglesia armenia. En la administración de sus asuntos toman parte armenios de diferentes lugares y Estados. Aquí el territorio no desempeña papel alguno. O, por ejemplo, en la creación del museo georgiano están igualmente interesados los georgianos de Tiflis y los de Bakú, Kutaís, San Petersburgo, etc. Esto quiere decir que la administración y dirección de todos los asuntos cultural-nacionales deben entregarse a las mismas naciones interesadas. Nosotros proclamamos la autonomía cultural-nacional de las nacionalidades caucasianas"».

Resumiendo: puesto que la cultura no es el territorio, ni el territorio es la cultura, es necesaria la autonomía cultural-nacional. Eso es todo lo que en apoyo de ésta nos puede decir N.

No vamos a examinar aquí una vez más la autonomía nacional-cultural en términos generales; ya hemos hablado más arriba de su carácter negativo. Quisiéramos solamente poner de relieve que, si en general resulta inservible, teniendo en cuenta las condiciones del Cáucaso es, además, disparatada y absurda.

He aquí por qué.

La autonomía cultural-nacional presupone unas nacionalidades más o menos desarrolladas, con una cultura y una literatura desarrolladas. Sin estas condiciones, dicha autonomía pierde todo sentido, se convierte en un absurdo. Pero en el Cáucaso viven numerosos pueblos con una cultura primitiva, con su propia lengua, pero sin una literatura propia, pueblos que, además, se hallan en un estado de transición, que en parte van siendo asimilados y en parte continúan desarrollándose. ¿Cómo aplicar a estos pueblos la autonomía cultural-nacional? ¿Qué hacer con ellos? ¿Cómo "organizarlos" en distintas uniones cultural-nacionales, como, indudablemente, presupone la autonomía cultural-nacional?

¿Qué hacer con los mingrelios, abjasianos, adzharianos, svanetos, lesgos, etc., que hablan lenguas diferentes, pero que no poseen su propia literatura? ¿Entre qué naciones deben ser comprendidos? ¿Es posible "organizarlos" en uniones nacionales? ¿En torno a qué "asuntos culturales" "organizarlos"?

¿Qué hacer con los osetinos, entre los cuales los de la Transcaucasia están siendo asimilados (pero distan mucho todavía de haber sido asimilados) por los georgianos, mientras los de la Ciscaucasia en parte van siendo asimilados por los rusos y en parte siguen desarrollándose, creando su propia literatura? ¿Cómo "organizarlos" en una unión nacional única?

¿En qué unión nacional deben ser comprendidos los adzharianos, que hablan el georgiano, pero que viven la cultura turca y profesan el islamismo? ¿No habrá que "organizarlos" aparte de los georgianos en lo tocante a los asuntos religiosos, y junto con los georgianos en lo tocante a otros asuntos culturales? ¿Y los kobuletes? ¿Y los ingushos? ¿Y los inguilos?

¿Qué autonomía es esa que excluye de la lista a tantos pueblos?

No, ésa no es la solución de la cuestión nacional; eso es el fruto de una fantasía ociosa.

Pero admitamos lo inadmisible y supongamos que la autonomía nacional-cultural de nuestro N. se haya puesto en práctica. ¿A dónde conduce?, ¿a qué resultados? Tomemos, por ejemplo, a los tártaros transcaucasianos, con su porcentaje mínimo de personas que saben leer y escribir, con sus escuelas regentadas por los omnipotentes mulhas, con su cultura impregnada de espíritu religioso. No es difícil comprender que el "organizarlos" en una unión cultural-nacional significaría colocar al frente de ellos a sus mulhas, significaría dejarlos a merced de los reaccionarios mulhas, significaría crear una nueva fortaleza para la esclavización espiritual de las masas tártaras por su más enconado enemigo.

Pero ¿desde cuándo los socialdemócratas se dedican a llevar el agua al molino de los reaccionarios? ¿No han podido los liquidadores caucasianos "proclamar" otra cosa mejor que la delimitación de los tártaros transcaucasianos en una unión cultural-nacional, que conduciría a la esclavización de las masas por los más enconados reaccionarios?...

No, ésa no es la solución de la cuestión nacional.

La cuestión nacional del Cáucaso sólo puede resolverse en el sentido de llevar a las naciones y pueblos rezagados al cauce común de una cultura superior. Sólo esta solución puede ser progresiva y aceptable para la socialdemocracia. La autonomía regional del Cáucaso es aceptable, precisamente, porque incorpora a las naciones rezagadas al desarrollo cultural común, les ayuda a romper el cascarón del aislamiento propio de las pequeñas nacionalidades, las impulsa a marchar hacia adelante y les facilita el acceso a los valores de una cultura superior. En cambio, la autonomía cultural-nacional actúa en un sentido diametralmente opuesto, pues recluye a las naciones en sus viejos cascarones, las mantiene en los grados inferiores del desarrollo de la cultura y les impide elevarse a los grados más altos de la misma.

De este modo, la autonomía nacional paraliza los lados positivos de la autonomía regional y la reduce a la nada.

Por eso, precisamente, no sirve tampoco ese tipo mixto de autonomía que propone N., en el que se combinan la autonomía nacional-cultural y la autonomía regional. Esta combinación antinatural no mejora la cosa, sino que la empeora, pues, además de entorpecer el desarrollo de las naciones rezagadas, convierte la autonomía regional en arena de choques entre las naciones organizadas en uniones nacionales.

De este modo, la autonomía cultural-nacional, inservible en general, se convertiría, en el Cáucaso, en una empresa reaccionaria absurda.

Tal es la autonomía cultural-nacional de N. y de sus correligionarios caucasianos.

¿Darán los liquidadores caucasianos "un paso adelante" y seguirán también al Bund en el terreno de la organización? El futuro lo dirá. Hasta hoy, en la historia de la socialdemocracia, el federalismo en el terreno de la organización ha precedido siempre a la autonomía nacional en el programa. Los socialdemócratas austriacos aplicaron ya en 1897 el federalismo en el terreno de la organización, y sólo a la vuelta de dos años (en 1899) adoptaron la autonomía nacional. Los bundistas hablaron por primera vez de un modo inteligible de la autonomía nacional en 1901, mientras que el federalismo en el terreno de la organización lo practicaban ya desde 1897.

Los liquidadores caucasianos han empezado por el final, por la autonomía nacional. Si siguen marchando sobre las huellas del Bund, tendrán que demoler previamente todo el edificio de la organización actual, levantado ya a fines de la década del 90 sobre los principios del internacionalismo.

Pero todo lo que ha tenido de fácil aceptar la autonomía nacional, incomprensible todavía para los obreros, lo tendrá de difícil demoler un edificio que ha costado años enteros construir y que ha sido levantado y cuidado con tanto amor por los obreros de todas las nacionalidades del Cáucaso. Bastará que comience esta empresa de Eróstrato, para que los obreros abran los ojos y comprendan la esencia nacionalista de la autonomía cultural-nacional.

Mientras los caucasianos resuelven la cuestión nacional de una manera común y corriente, por medio de debates verbales y de una discusión literaria, la Conferencia de los liquidadores de toda Rusia ha discurrido un procedimiento completamente desusado. Un procedimiento fácil y sencillo. Escuchad:

«Habiendo oído la comunicación hecha por la delegación caucasiana acerca de que... es necesario plantear la reivindicación de la autonomía nacional-cultural, la Conferencia, sin pronunciarse acerca del fondo de esta reivindicación, hace constar que tal interpretación del punto del programa en que se reconoce a cada nacionalidad el derecho de autodeterminación, no va en contra del sentido preciso de dicho programa».

Así, ante todo, "sin pronunciarse acerca del fondo de esta" cuestión, y luego "hacer constar". ¡Peregrino método!

¿Qué es lo que "hace constar" esta original Conferencia?

Pues que la "reivindicación" de la autonomía nacional-cultural "no va en contra del sentido preciso" del programa en que se reconoce el derecho de las naciones a la autodeterminación.

Examinemos esta tesis.

El punto de la autodeterminación habla de los derechos de las naciones. Según este punto, las naciones no sólo tienen derecho a la autonomía, sino también a la separación. Se trata de la autodeterminación política. ¿A quién han querido engañar los liquidadores, intentando tergiversar totalmente este derecho de autodeterminación política de las naciones, establecido desde hace largo tiempo en toda la socialdemocracia internacional?

¿O tal vez los liquidadores quieran escurrir el bulto, escudándose tras el sofisma de que la autonomía cultural-nacional "no va en contra" de los derechos de las naciones? Es decir, que si todas las naciones de un Estado determinado se ponen de acuerdo para organizarse según los principios de la autonomía cultural-nacional, esta suma de naciones tiene perfecto derecho a hacerlo y nadie puede imponerles por la fuerza otra forma de vida política. Nuevo e ingenioso. ¿Por qué no añadir que, en general, las naciones tienen derecho a derogar su propia Constitución, a sustituirla por un sistema de arbitrariedad, a retrotraerse al viejo orden de cosas, pues las naciones y solamente ellas tienen derecho a determinar sus propios destinos? Repetimos: en este sentido, ni la autonomía cultural-nacional ni ninguna otra tendencia reaccionaria en la cuestión nacional "va en contra" de los derechos de las naciones.

¿No era eso lo que quería decir la respetable Conferencia?

No, no era eso. Dice concretamente que la autonomía cultural-nacional "no va en contra", no de los derechos de las naciones sino "del sentido preciso" del programa. Aquí se trata del programa y no de los derechos de las naciones.

Y es comprensible. Si a la Conferencia de los liquidadores se hubiese dirigido una nación cualquiera, la Conferencia podría haber hecho constar sencillamente que una nación tiene derecho a la autonomía cultural-nacional. Pero a la Conferencia no se dirigió una nación, sino una "delegación" de socialdemócratas caucasianos, malos socialdemócratas, es cierto, pero, con todo, socialdemócratas. Y éstos no preguntaron acerca de los derechos de las naciones, sino si la autonomía cultural-nacional no contradice a los principios de la socialdemocracia, si no va "en contra" "del sentido preciso" del programa de la socialdemocracia.

Así, pues, los derechos de las naciones y el "sentido preciso" del programa de la socialdemocracia no son una y la misma cosa.

Evidentemente, hay reivindicaciones que, aun no yendo en contra de los derechos de las naciones, pueden ir en contra del "sentido preciso" del programa.

Un ejemplo. En el programa de los socialdemócratas figura un punto sobre la libertad de conciencia. Según este punto, cualquier grupo de personas tiene derecho a profesar cualquier religión: el catolicismo, la religión ortodoxa, etc. La socialdemocracia luchará contra toda persecución de las religiones, contra las persecuciones de que se haga objeto a los ortodoxos, católicos y protestantes. ¿Quiere decir esto que el catolicismo, el protestantismo, etc. "no van en contra del sentido preciso" del programa? No, no quiere decir esto. La socialdemocracia protestará siempre contra las persecuciones de que se haga objeto al catolicismo y al protestantismo, defenderá siempre el derecho de las naciones a practicar cualquier religión; pero, al mismo tiempo, partiendo de una comprensión acertada de los intereses del proletariado, hará propaganda en contra del catolicismo, en contra del protestantismo, en contra de la religión ortodoxa, con el fin de hacer triunfar la concepción socialista del mundo.

Y obrará así porque el protestantismo, el catolicismo, la religión ortodoxa, etc., sin ningún género de dudas, "van en contra del sentido preciso" del programa, es decir, en contra de los intereses bien comprendidos del proletariado.

Otro tanto hay que decir de la autodeterminación. Las naciones tienen derecho a organizarse con arreglo a sus deseos, tienen derecho a conservar las instituciones nacionales que les plazcan, las perniciosas y las útiles: nadie puede (¡nadie tiene derecho!) inmiscuirse por la fuerza en la vida de las naciones. Pero esto no quiere decir que la socialdemocracia no haya de luchar, no haya de hacer propaganda en contra de las instituciones nocivas de las naciones, en contra de las reivindicaciones inadecuadas de las naciones. Por el contrario, la socialdemocracia está obligada a realizar esta propaganda y a influir en la voluntad de las naciones de modo que éstas se organicen en la forma que mejor corresponda a los intereses del proletariado. Precisamente por esto, luchando en favor del derecho de las naciones a la autodeterminación, realizará, al mismo tiempo, una campaña de propaganda, por ejemplo, contra la separación de los tártaros y contra la autonomía cultural-nacional de las naciones caucásicas, pues tanto una como otra, si bien no van en contra de los derechos de estas naciones, van, sin embargo, en contra "del sentido preciso" del programa, es decir, de los intereses del proletariado caucasiano.

Evidentemente, los "derechos de las naciones" y el "sentido preciso" del programa son dos planos completamente distintos. Mientras que el "sentido preciso" del programa expresa los intereses del proletariado, formulados científicamente en su programa, los derechos de las naciones pueden expresar los intereses de cualquier clase: de la burguesía, de la aristocracia, del clero, etc., con arreglo a la fuerza y a la influencia de estas clases. Allí son los deberes del marxista, aquí los derechos de las naciones, integradas por diversas clases. Los derechos de las naciones y los principios de la socialdemocracia pueden ir o no "ir en contra" los unos de los otros, de la misma manera, por ejemplo, que la pirámide de Cheops y... la famosa Conferencia de los liquidadores. Son, sencillamente, magnitudes incomparables.

Pero de aquí se desprende que la respetable Conferencia ha confundido de la manera más imperdonable dos cosas totalmente distintas. El resultado no ha sido la solución de la cuestión nacional, sino un absurdo en virtud del cual los derechos de las naciones y los principios de la socialdemocracia "no van en contra" los unos de los otros; y, por consiguiente, toda reivindicación de las naciones puede ser compatible con los intereses del proletariado; y por consiguiente, ini una sola reivindicación de las naciones que aspiran a la autodeterminación "irá en contra del sentido preciso" del programa!

Ni la menor compasión con la lógica...

Este absurdo ha servido de base al ya célebre acuerdo de la Conferencia de los liquidadores, según el cual la reivindicación de la autonomía nacional-cultural "no va en contra del sentido preciso" del programa.

Pero la Conferencia de los liquidadores no infringe solamente las leyes de la lógica.

Infringe, además, su propio deber para con la socialdemocracia de Rusia, al sancionar la autonomía cultural-nacional. Infringe del modo más definido el "sentido preciso" del programa, pues es sabido que el II Congreso, en el que se aprobó el programa, rechazó resueltamente la autonomía cultural-nacional. He aquí lo que se dijo, a este propósito, en el Congreso:

Goldbtat (bundista): "... Yo considero necesario crear instituciones especiales que aseguren la libertad del desarrollo cultural de las nacionalidades, razón por la cual propongo que se añada al punto 8 lo siguiente: "y creación de las instituciones que les garanticen plena libertad de desarrollo cultural" (que es, como se sabe, la formulación bundista de la autonomía cultural-nacional. J. St.).

Martínov señala que las instituciones generales deben organizarse de tal modo que garanticen también los intereses privados. No es posible crear ninguna institución especial que asegure la libertad de desarrollo cultural de la nacionalidad.

Egórov: En la cuestión de la nacionalidad sólo podemos adoptar proposiciones negativas, es decir, somos contrarios a toda restricción de la nacionalidad. Pero a nosotros, como socialdemócratas, nos tiene sin cuidado que esta o aquella nacionalidad se desarrolle como tal. Esto es materia de un proceso espontáneo.

Koltsov: Los delegados del Bund se ofenden siempre que se habla de su nacionalismo. Y sin embargo, la enmienda propuesta por el delegado del Bund tiene un carácter puramente nacionalista. Exigen de nosotros medidas puramente ofensivas para defender incluso a aquellas nacionalidades que se van extinguiendo".

En consecuencia, "la enmienda de Goldblat es rechazada por mayoría de votos contra tres".

Está, pues, claro que la Conferencia de los liquidadores ha ido "en contra del sentido preciso" del programa, ha infringido el programa.

Ahora, los liquidadores intentan justificarse, remitiéndose al Congreso de Estocolmo, que, según ellos, ha sancionado la autonomía cultural-nacional. Y así, V. Kossovski escribe:

«Como es sabido, según el acuerdo adoptado en el Congreso de Estocolmo, se dejó al Bund en libertad para conservar su programa nacional (hasta la solución de la cuestión nacional en el Congreso de todo el Partido). Este Congreso reconoció que la autonomía nacional-cultural no contradice, en todo caso, el programa general del Partido».

Pero los esfuerzos de los liquidadores son vanos. El Congreso de Estocolmo no pensó siquiera en sancionar el programa del Bund; se avino sencillamente a dejar abierta, por el momento, la cuestión. Al valiente Kossovski le faltó valor para decir toda la verdad. Pero los hechos hablan por sí solos. Helos aquí:

Galin presenta una enmienda: "La cuestión del programa nacional queda abierta, en vista de que no ha sido examinada por el Congreso". (En pro 50 votos, en contra 32.)

Una voz: ¿Qué quiere decir que queda abierta?

Presidente: Cuando decimos que la cuestión nacional queda abierta, eso significa que el Bund puede mantener su decisión acerca de esta cuestión hasta el Congreso siguiente.

Como veis, el Congreso "no examinó" siquiera la cuestión del programa nacional del Bund: se limitó a dejarla "abierta", concediendo al mismo Bund libertad para decidir los destinos de su programa hasta el siguiente Congreso general. En otros términos: el Congreso de Estocolmo rehuyó la cuestión, no enjuició la autonomía cultural-nacional, ni en un sentido ni en otro.

En cambio, la Conferencia de los liquidadores enjuicia el asunto con toda concreción, reconoce como admisible la autonomía cultural-nacional y la sanciona en nombre del programa del Partido.

La diferencia salta a la vista.

De este modo, la Conferencia de los liquidadores, pese a todos los subterfugios, no ha hecho avanzar ni un solo paso la cuestión nacional.

Bailarle el agua al Bund y a los nacional-liquidadores caucasianos: eso es todo lo que ha sabido hacer.

7. LA CUESTIÓN NACIONAL EN RUSIA

Nos resta señalar la solución positiva de la cuestión nacional.

Partimos del hecho de que esta cuestión sólo puede ser resuelta en indisoluble conexión con el momento que actualmente se vive en Rusia.

Rusia vive en una época de transición, en que no se ha instaurado todavía una vida "normal", "constitucional", en que la crisis política no se ha resuelto todavía Nos esperan días de tormenta y de "complicaciones". De aquí el movimiento, el presente y el venidero, que se propone como objetivo la plena democratización.

En relación con este movimiento es como debe ser examinada la cuestión nacional.

Tenemos, pues, la plena democratización del país como base y condición para solucionar la cuestión nacional.

Para resolver la cuestión es necesario tener en cuenta no sólo la situación interior, sino también la situación exterior. Rusia se encuentra enclavada entre Europa y Asia, entre Austria y China. El crecimiento de la democracia en Asia es inevitable. El crecimiento del imperialismo en Europa no es un fenómeno casual. En Europa el capital se va sintiendo estrecho y pugna por penetrar en países ajenos, buscando nuevos mercados, mano de obra barata, nuevos lugares de inversión. Pero esto conduce a complicaciones exteriores y a guerras. Nadie puede decir que la guerra de los Balcanes sea el fin y no el comienzo de las complicaciones. Por eso, cabe perfectamente dentro de lo posible que se dé una combinación de circunstancias interiores y exteriores en que una u otra nacionalidad de Rusia crea necesario plantear y resolver la cuestión de su independencia. Y, naturalmente, no es cosa de los marxistas poner obstáculos en tales casos.

Pero de aquí se deduce que los marxistas rusos no pueden prescindir del derecho de las naciones a la autodeterminación.

Tenemos, pues, el derecho de autodeterminación como punto indispensable para resolver la cuestión nacional.

Prosigamos. ¿Qué hacer con las naciones que por unas u otras causas prefieran permanecer dentro del marco de un Estado multinacional?

Hemos visto que la autonomía cultural-nacional es inservible. En primer lugar, es artificial y no viable, pues supone agrupar artificialmente en una sola nación a gentes a quienes la vida, la vida real, desune y dispersa por los diversos confines del Estado. En segundo lugar, impulsa hacia el nacionalismo, pues lleva al punto de vista del "deslindamiento" de los hombres por curias nacionales, al punto de vista de la "organización" de naciones, al punto de vista de la "conservación" y cultivo de las "particularidades nacionales", cosa que no cuadra en absoluto a la socialdemocracia. No es un hecho casual que los separatistas moravos en el Reichsrat, después de separarse de los diputados socialdemócratas alemanes, se uniesen a los diputados moravos burgueses, para formar, como si dijésemos, un "kolo" moravo. Ni es un hecho casual tampoco que los separatistas del Bund se empantanasen en el nacionalismo, exaltando la celebración del "sábado" y el "yidish". En la Duma no figuran todavía diputados bundistas, pero en el radio de acción del Bund hay una comunidad judía clerical-reaccionaria, en cuyas "instituciones dirigentes" organiza el Bund, por el momento, una "unión" entre los obreros y los burgueses judíos. Tal es, en efecto, la lógica de la autonomía cultural-nacional.

La autonomía nacional no resuelve, pues, la cuestión.

¿Dónde está la salida?

La única solución acertada es id autonomía regional, la autonomía de unidades tan definidas como Polonia, Lituania, Ucrania, el Cáucaso, etc.

La ventaja de la autonomía regional consiste, ante todo, en que aquí no tenemos que habérnoslas con una ficción sin territorio, sino con una población determinada, que vive en un territorio determinado. Además, no deslinda a los hombres por naciones, no refuerza las barreras nacionales, sino que, por el contrario, rompe estas barreras y agrupa a la población para abrir el camino a un deslindamiento de otro género, al deslindamiento por clases. Finalmente, permite utilizar del mejor modo las riquezas naturales de la región y desarrollar las fuerzas productivas, sin esperar a que la solución venga del centro, funciones éstas que la autonomía cultural-nacional no concede.

Tenemos, pues, la autonomía regional como punto indispensable para resolver la cuestión nacional.

No cabe duda de que en ninguna de las regiones se da una homogeneidad nacional completa, pues en todas ellas hay enclavadas minorías nacionales. Tal ocurre con los judíos en Polonia, con los letones en Lituania, con los rusos en el Cáucaso, con los polacos en Ucrania, etc. Se puede temer, por esta razón, que las minorías sean oprimidas por las mayorías nacionales. Pero este temor sólo tiene fundamento si el país sigue viviendo bajo el viejo orden de cosas. Dad al país plena democracia, y este temor perderá toda base.

Se propone articular a las minorías dispersas en una unión nacional. Pero lo que necesitan las minorías no es una unión artificial, sino derechos reales en el sitio en que viven. ¿Qué puede darles semejante unión sin plena democracia? o ¿para qué es necesaria esa unión nacional bajo una completa democracia?

¿Qué es lo que inquieta especialmente a una minoría nacional?

Lo que produce el descontento de esta minoría no es la falta de una unión nacional, sino la falta del derecho a usar su lengua materna. Permitidle servirse de su lengua materna, y el descontento desaparecerá por sí solo.

Lo que produce el descontento de esta minoría no es la falta de una unión artificial, sino la falta de escuelas en su lengua materna. Dadle estas escuelas, y el descontento perderá toda base.

Lo que produce el descontento de esta minoría no es la falta de una unión nacional, sino la falta de la libertad de conciencia (la libertad de cultos), de movimiento, etc. Dadle estas libertades, y dejará de estar descontenta.

Tenemos, pues, la igualdad nacional de derechos en todas sus formas (idioma, escuelas, etc.) como punto indispensable para resolver la cuestión nacional. Se precisa, por tanto, una ley general del Estado basada en la plena democratización del país y que prohiba todos los privilegios nacionales sin excepción y todas las trabas o limitaciones puestas a los derechos de las minorías nacionales.

Esto, y solamente esto, puede ser la garantía real y no ficticia de los derechos de las minorías.

Se podría discutir o no la existencia de una relación lógica entre el federalismo en el terreno de la organización y la autonomía cultural-nacional. Lo que no se puede discutir es que ésta crea una atmósfera propicia para un federalismo ilimitado, que acaba transformándose en completa ruptura, en separatismo. Si los checos en Austria y los bundistas en Rusia, comenzando por la autonomía y pasando luego a la federación, terminaron en el separatismo, en ello desempeñó, sin duda, un gran papel la atmósfera nacionalista que emana naturalmente de la autonomía cultural-nacional. No es casual que la autonomía nacional y la federación en el terreno de la organización se den la mano. La cosa es lógica. Tanto una como otra exigen el deslindamiento por nacionalidades. Tanto una como otra presuponen la organización por nacionalidades. La analogía es indudable. La única diferencia es que allí se deslinda la población en general, y aquí a los obreros socialdemócratas.

Sabemos a qué conduce el deslindamiento de los obreros por nacionalidades. Desintegración del Partido obrero único, división de los sindicatos por nacionalidades, exacerbación de las fricciones nacionales, rompehuelgas nacionales, completa desmoralización dentro de las filas de la socialdemocracia: he ahí los frutos del federalismo en el terreno de la organización. La historia de la socialdemocracia en Austria y la actuación del Bund en Rusia lo atestiguan elocuentemente.

El único medio contra todo esto es la organización basada en los principios del internacionalismo.

La unión de los obreros de todas las nacionalidades de Rusia en colectividades únicas e integras en cada localidad y la unión de estas colectividades en un Partido único: he ahí la tarea.

De suyo se comprende que esta estructura del Partido no excluye, sino que presupone una amplia autonomía de las regiones dentro del Partido como un todo único.

La experiencia del Cáucaso pone de manifiesto toda la conveniencia de este tipo de organización. Si los caucasianos han logrado vencer los rozamientos nacionales entre los obreros armenios y tártaros, si han logrado poner a la población a salvo de matanzas y choques armados, si en Bakú, en este caleidoscopio de grupos nacionales, hoy son ya imposibles los choques de carácter nacional, si allí se ha conseguido incorporar a los obreros al cauce único de un potente movimiento, en todo ello ha desempeñado un papel considerable la estructura internacional de la socialdemocracia caucasiana.

El tipo de organización no influye solamente en el trabajo práctico. Imprime un sello indeleble a toda la vida espiritual del obrero. El obrero vive la vida de su organización; en ella se desarrolla espiritualmente y se educa. Por eso, al actuar dentro de su organización y encontrarse siempre allí con sus camaradas de otras nacionalidades, librando a su lado una lucha común bajo la dirección de la colectividad común, se va penetrando profundamente de la idea de que los obreros son, ante todo, miembros de una sola familia de clase, miembros del ejército único del socialismo. Y esto no puede por menos de tener una importancia educativa enorme para las grandes capas de la clase obrera.

Por eso, el tipo internacional de organización es una escuela de sentimientos de camaradería, una propaganda inmensa en favor del internacionalismo.

No ocurre así con la organización por nacionalidades.

Organizados sobre la base de la nacionalidad, los obreros se encierran en sus cascarones nacionales, separándose unos de otros con barreras en el terreno de la organización. No se subraya lo que es común a los obreros, sino lo que diferencia a unos de otros. Aquí, el obrero es, ante todo, miembro de su nación: judío, polaco, etc. No es de extrañar que el federalismo nacional en la organización inculque a los obreros el espíritu del aislamiento nacional.

Por eso, el tipo nacional de organización es una escuela de estrechez nacional y de rutina.

Tenemos, pues, ante nosotros, dos tipos de organización distintos por principio: el tipo de la unión internacional y el del "deslindamiento" de los obreros por nacionalidades.

Hasta hoy, las tentativas que se han hecho para conciliar estos dos tipos de organización no han tenido éxito. Los estatutos conciliatorios de la socialdemocracia austriaca, elaborados en Wimberg en 1897, quedaron en el aire. El partido austriaco se fraccionó arrastrando tras de sí a los sindicatos La "conciliación" no sólo resultó ser utópica, sino, además, nociva. Strasser tiene razón cuando afirma que "el separatismo obtuvo su primer triunfo en el Congreso de Wimberg del Partido". Otro tanto acontece en Rusia. La "conciliación" con el federalismo del Bund en el Congreso de Estocolmo acabó en una completa bancarrota. El Bund hizo fracasar el compromiso establecido en Estocolmo. Al día siguiente del Congreso de Estocolmo, el Bund se convirtió en un obstáculo para la unión de los obreros de cada localidad en una organización única, que englobase a los obreros de todas las nacionalidades. Y el Bund prosiguió aplicando tenazmente su táctica separatista, a pesar de que, tanto en 1907 como en 1908, la socialdemocracia de Rusia exigió repetidas veces que fuese realizada por fin la unidad por la base entre los obreros de todas las nacionalidades. Habiendo comenzado por la autonomía nacional en el terreno de la organización, el Bund pasó de hecho a la federación, para acabar en la completa ruptura, en el separatismo. Y, rompiendo con la socialdemocracia de Rusia, llevó a las filas de ésta la confusión y la desorganización. Basta recordar aunque no sea más que el caso de Jagiello.

Por eso, la senda de la "conciliación" debe ser descartada como utópica y nociva.

Una de dos: o el federalismo del Bund, y entonces la socialdemocracia de Rusia se reorganiza sobre los principios del "deslindamiento" de los obreros por nacionalidades; o el tipo internacional de organización, y entonces el Bund se reorganiza sobre los principios de la autonomía territorial, según el modelo de la socialdemocracia caucasiana, letona y polaca, abriendo el camino a la unificación directa de los obreros judíos con los obreros de las demás nacionalidades de Rusia.

No hay término medio: los principios vencen, los principios no se "concilian".

Tenemos, pues, el principio de la unión internacional de los obreros como punto indispensable para resolver la cuestión nacional.

K. STALIN

Viena, enero de 1913